おうちカフェでおもてなし

ユイミコの和スイーツ

ユイミコ

世界文化社

はじめに

私たちユイミコは、ふだんは錬り切りやおまんじゅうなど、「上生菓子」といわれる和菓子を教える教室をメインに仕事をしています。あんを練ったり、生地で包んだりする作業は、慣れると楽しくそれほど難しくありませんが、初心者には手間がかかると思われがちです。

そこで今回は、「和のおやつ」をだれでも簡単に作れるよう、「ユイミコのカフェを開くなら、こんなメニューを出したいな」と考えた、おいしくて作りやすいレシピをそろえました。

自宅でひとりのんびり過ごす休日や、友だちや家族と一緒に楽しみたいときにもぴったりです。おしゃれなラッピングで手土産にすれば、みんなから一目置かれること間違いなし！

日常的なおやつだから、はかりもなるべく使わず、計量スプーンや計量カップで済むよう工夫しました。耐熱の流し型が1つあれば、冷やし固めたり蒸したりと用途が広がりますが、固めるだけなら容量が同じくらいの保存容器でも作れます。「これがないとダメ」という決まりはないので、手元にある型や道具で試してみてください。2〜3人で食べきれる量で、お菓子作り初心者でもすぐに作れるレシピがほとんどです。

和スイーツは和菓子の材料や作り方がベースですが、洋やエスニックの要素も大胆に取り入れました。見た目はポップだけど「味はちゃんと和菓子」だったり、伝統的な和菓子に見えて「新しい味わい」が潜んでいたりと、初めての驚きがいっぱい。基本の配合を守れば、素材や型を替えてもＯＫ。和菓子は、季節や気分に合わせて自由にアレンジできるんですよ。

お気に入りのカフェで過ごすように、おうちでだれかと和スイーツを楽しむことが、何よりも幸せで、リラックスできるひとときとなりますように。ユイミコは、心からそう願っています。

ユイミコ（小坂歩美　大森慶子）

Contents

I 和のひんやりデザート

II ほのぼのする焼き菓子

Ⅲ むっちりもちもちなおやつ

Ⅳ ふかふかの蒸し菓子

おしるこ5種

Column

この本の決まり

- 計量単位は小さじ1＝5㎖、大さじ1＝15㎖、1カップ＝200㎖です。
- 卵はMサイズを使用しています。
- 電子レンジは600Wのものを使用。
- 火加減は指定がない場合は中火です。

暑い季節に食べるキンと冷えた
甘いものはもちろん、
真冬に温かい部屋で
冷たいおやつを食べるのも最高！

旬のフルーツを組み合わせて、
カラフルに仕上げました。
この章はどこでも買える材料で作れる、
いちばん簡単なデザートです。
和の素材が中心だから、
体にやさしい味わいがうれしい。

I 和のひんやりデザート

淡雪フルーツヨーグルトかん

真っ白いヨーグルトかんに、好みのフルーツを散らして。
メレンゲを入れるから、ふわっふわの口当たりに。

[材料_3〜4人分]

粉寒天…小さじ1
水…大さじ8
砂糖…大さじ6
〈メレンゲ〉
　卵白…1個分
　砂糖…大さじ2
ギリシャヨーグルト…200g
好みのフルーツ(いちご、キウイ、
　みかん、ブルーベリーなど)
　…適量

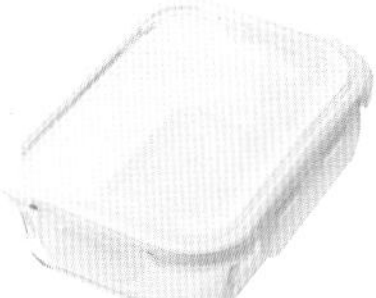

[型]

約13×18cmの保存容器や流し型など。

[下準備]

● フルーツは食べやすく切る。

[日持ち]

冷蔵で当日中。

[作り方]

1 卵白に砂糖大さじ2を少しずつ加えながら泡立て、ピンと角が立つしっかりとしたメレンゲを作る(A)。ギリシャヨーグルトを2回に分けて加え、そのつどよく混ぜる。

2 鍋に分量の水を入れ、粉寒天を振り入れて火にかけ、煮立って粉寒天が溶けたら、砂糖大さじ6を加える。再度煮立ったら火を止め、1に少しずつ加えてよく混ぜる。

粉寒天は煮立ててしっかり溶かす

3 型に流し入れ、固まらないうちにフルーツを並べ、冷蔵庫で冷やし固める。

A

泡立て器で持ち上げ、ピンと角が立てばOK。

保存容器に作れば、持ち運びにも便利。ふたをしてきれいな紙をかけ、ひもを巻いて結びます。

ユイミコmemo

ギリシャヨーグルトは、水きりヨーグルトと同じ濃厚なヨーグルト。プレーンヨーグルトを水きりしても。その場合は、ざるにペーパータオルを敷き、ヨーグルト400gをあけ、小さなボウルにのせます。ラップをして冷蔵庫に1晩おくと、ほぼ半量の200gに。

ウーロン茶寒天のあんみつ

ほろ苦いウーロン茶がフルーツの甘さを引き立てます。
さっぱりした豆乳みつをかけ、よく混ぜて食べて。

［材料＿約2人分］

〈ウーロン茶寒天〉

粉寒天…小さじ1

水…大さじ5

ウーロン茶の茶葉…大さじ$2\frac{1}{2}$

熱湯…1カップ

砂糖…大さじ3

〈豆乳みつ〉

豆乳…$\frac{1}{2}$カップ

砂糖…大さじ3

好みのフルーツ（すいか、パイナップル、ドラゴンフルーツなど）…適量

粒あん…適量

［型］

ウーロン茶寒天／約14×11cmの保存容器や流し型など。

［下準備］

● フルーツは1cm角に切る。

［日持ち］

型に入れたまま冷蔵し、翌日まで。

［作り方］

1 ウーロン茶寒天を作る。ウーロン茶の茶葉に分量の熱湯を注ぎ、濃いめにいれてこす。

濃いめのほうが
断然おいしい！

2 鍋に分量の水を入れ、粉寒天を振り入れて火にかけ、煮立って粉寒天が溶けたら、砂糖を加える。砂糖が溶けたら1を加え、再び煮立ったら型に流し入れる。粗熱をとり、冷蔵庫で冷やし固める。

3 豆乳みつを作る。鍋に豆乳と砂糖を入れて火にかけ、砂糖を溶かす。煮立ったら、少し火を弱めて1分ほど煮詰める。ボウルなどに移し、粗熱をとってから冷蔵庫で冷やす。

4 仕上げる。ウーロン茶寒天を型から出し、1cm角に切る。フルーツ、粒あんとともに器に盛り、豆乳みつをかける。

ユイミコmemo

ぷるぷるの食感にするため、寒天の量は控えめ。水分が分離しやすいので、型から出したら早めに食べましょう。

やわらか牛乳かん

中国のデザート、杏仁豆腐《アンニンドウフ》風のデザートを牛乳かんで手軽に。
レモンシロップの香りがスーッとさわやか！

［材料＿ 2～3人分］

〈やわらか牛乳かん〉

- 粉寒天…小さじ$\frac{1}{2}$
- 水…大さじ4
- 砂糖…大さじ2
- 牛乳…$1\frac{3}{4}$カップ

〈レモンシロップ〉

- 水…125mℓ
- 砂糖…大さじ$2\frac{1}{2}$
- レモン…$\frac{1}{4}$個
- クコの実…4～6粒

［型］

約14×11cmの保存容器や流し型など。

［下準備］

● レモンは半分を薄いいちょう切りにし、半分は汁を搾る。

［日持ち］

型に入れたまま冷蔵し、翌日まで。

［作り方］

1 やわらか牛乳かんを作る。鍋に分量の水を入れ、粉寒天を振り入れて火にかけ、煮立って粉寒天が溶けたら砂糖を加える。砂糖が溶けたら、混ぜながら少しずつ牛乳を加える。再び煮立ったら、型に流し入れる。粗熱をとり、冷蔵庫で冷やし固める。

温度が下がらないよう
少しずつ牛乳を加えて

2 レモンシロップを作る。分量の水と砂糖を鍋に入れて火にかけ、煮立ったら火を止め、レモンとレモン汁、クコの実を加える。ボウルなどに移し、粗熱をとって冷蔵庫で冷やす。

3 仕上げる。器にやわらか牛乳かんをスプーンですくって盛り、レモンシロップをかける。

愛《オー》玉《ギョー》子《チ》風やわらか寒天

台湾の人気デザート「愛玉子」を、やわらか牛乳かんと同じ甘酸っぱいレモンシロップと寒天でアレンジしました。

［材料＿ 2〜3人分］

〈やわらか寒天〉

粉寒天 … 小さじ$\frac{1}{2}$

水 … $1\frac{3}{4}$カップ

砂糖 … 大さじ5

〈レモンシロップ〉

水 … 125mℓ

砂糖 … 大さじ$2\frac{1}{2}$

レモン … $\frac{1}{4}$個

クコの実 … 4〜6粒

［型］

約14×11cmの保存容器や流し型など。

［日持ち］

型に入れたまま冷蔵し、翌日まで。

［作り方］

1 やわらか寒天を作る。鍋に分量の水を入れ、粉寒天を振り入れて火にかけ、煮立って粉寒天が溶けたら、砂糖を加える。再度煮立ったら、型に流し入れる。粗熱をとり、冷蔵庫で冷やし固める。

2 レモンシロップは「やわらか牛乳かん」と同様に作る。

3 仕上げる。器にやわらか寒天をスプーンですくって盛り、レモンシロップをかける。

ユイミコmemo

愛玉子は、本来は〝愛玉子〟というツル科の植物の果実から作るゼリーのこと。

みかんのコンポートゼリー

お花のように並んだ、みかんのコンポートが最高にキュート！
みかんは小さめなものでそろえると、見た目がきれいに。

［**材料**＿約14×11cm 1台分］

粉寒天…小さじ1/2
水…1カップ
砂糖…大さじ1
みかん
…3〜4個(できるだけ小さめ)
レモン汁…小さじ1
コアントロー(あれば)
…小さじ1/2

［**型**］

約14×11cmの流し型や保存容器など。

［**下準備**］

- 型は軽くぬらしておく。
- みかんは皮をむく。

［**日持ち**］

型に入れたまま冷蔵し、翌日まで。

［**作り方**］

1 鍋に分量の水と砂糖を入れて火にかけ、沸騰させて砂糖を溶かす。みかんを加え、弱火で5分ほど煮る。コアントローを加えて火を止め、そのまま粗熱をとる。みかんを取り出し、横半分に切る。

2 鍋に残った汁に粉寒天を振り入れて火にかけ、煮立って粉寒天が溶けたら、火を止めてレモン汁を加える。

3 型に2を5mm深さに流し入れ、すぐにみかんを並べる(A)。残りの2を流し入れ(B)、粗熱をとって冷蔵庫で冷やし固める。

みかんが浮かないよう
気をつけて！

4 固まったら型から取り出し、好みの大きさに切る。

A

みかんは型に断面がぴったり並ぶよう、カットして大きさを調整する。

B

みかんを並べたら、すぐに残りの寒天液を流し入れる。

キウイかん

やわらか〜い寒天の中に、小さく刻んだキウイと
色鮮やかな寒天を入れてキラキラに。

[材料_ 6個分]

粉寒天 … 小さじ$1/2$
水 … 1カップと大さじ2（230mℓ）
砂糖 … 大さじ6
キウイ … 1個
色粉（赤、青）… 各少々

[型]

約50mℓの耐熱カップやグラスなど。

[下準備]

- キウイは皮をむいて、小さめの角切りにする。
- 色粉はそれぞれ少量の水で溶いておく。

[日持ち]

冷蔵で当日中。

[作り方]

1 鍋に分量の水を入れ、粉寒天を振り入れて火にかけ、煮立って粉寒天が溶けたら砂糖を加える。再度煮立ったら火を止めて小容器2つに大さじ3ずつ入れ、色粉の青で水色に、色粉の青と赤で紫色に着色し（A）、冷蔵庫で冷やし固める。鍋の中の寒天液はそのままおいておく。

2 着色した寒天を容器から取り出し、小さめの角切りにして型に等分に入れる。

3 鍋の中の寒天を細かく砕き、水大さじ1（分量外）を加えて火にかける。煮立って寒天が溶けたら2に流し入れ、キウイも加えて軽く混ぜて冷蔵庫で冷やし固める。

砕くと
溶けやすいよ！

A

取り分けた寒天液は、水で溶いた色粉で色づけ。

白桃ワインかん

おなじみの桃缶を使ったふるふる寒天♥
ほのかな桃の香りでほっこりします。

［材料＿ 3個分］

粉寒天 … 小さじ1/2
水 … 1カップ
砂糖 … 大さじ4
白桃(シロップ漬け) … 1/2個分
白桃のシロップ … 大さじ2
白ワイン … 大さじ2
色粉(赤、黄) … 各少々

［型］

約100㎖の耐熱グラスやカップなど。

［下準備］

- 白桃は小さめの角切りにする。
- 色粉はそれぞれ少量の水で溶いておく。

［日持ち］

冷蔵で翌日まで。

［作り方］

1 鍋に分量の水を入れ、粉寒天を振り入れて火にかけ、煮立って粉寒天が溶けたら、砂糖を加える。再度煮立ったら白桃のシロップと白ワインを加えて煮立て、火を止める。小容器2つに大さじ3ずつ入れ、色粉の赤でピンク色、色粉の黄で黄色に着色し(**A**)、冷蔵庫で冷やし固める。鍋の中の寒天液は、そのままおいておく。

2 着色した寒天を容器から取り出し、小さめの角切りにして型に等分に入れる。

3 鍋の中の寒天を細かく砕き、水大さじ1(分量外)を加えて火にかける。煮立って寒天が溶けたら2に流し入れ、白桃も加えて軽く混ぜて冷蔵庫で冷やし固める。

A

鍋の中の寒天はフォークなどで砕く。

ハーブかん

ハーブに合うフレーバーのハーモニーを楽しんで。さわやかな香りとほのかな甘さが魅力です。

カモミールとりんご

[材料＿6個分]

〈ハーブかん〉

カモミール（ドライ）
　…大さじ山盛り1

粉寒天…小さじ$\frac{1}{2}$

熱湯…$1\frac{1}{4}$カップ

砂糖…大さじ4

〈りんごかん〉

粉寒天…小さじ$\frac{1}{2}$

りんごジュース
　…1カップ強（220mℓ）

砂糖…大さじ1

[型]

約80mℓのゼリー型（形はお好みで）。

[下準備]

● ゼリー型は軽くぬらしておく。

[日持ち]

型に入れたまま冷蔵し、翌日まで。

[作り方]

1 ハーブかんを作る。分量の熱湯にカモミールを入れ、蒸らしてこす。鍋に入れ、粉寒天を振り入れて火にかけ、煮立って粉寒天が溶けたら、砂糖を加える。再度煮立ったら火を止め、型の高さの半分くらいまで流し入れ、表面が少し固まるまでおく。

ハーブかんを固めてから
りんごかんを流して

2 りんごかんを作る。鍋にりんごジュースを入れ、粉寒天を振り入れて火にかけ、煮立って粉寒天が溶けたら、砂糖を加える。再度煮立ったら火を止め、1のハーブかんの上に静かに流し入れ、冷蔵庫で冷やし固める。

ミントとカルピス

[材料＿6個分]

〈ハーブかん〉

ミントの葉（生）
　…30〜40枚

粉寒天…小さじ$\frac{1}{2}$

熱湯…$1\frac{1}{4}$カップ

砂糖…大さじ4

〈カルピスかん〉

粉寒天…小さじ$\frac{1}{2}$

水…$\frac{3}{4}$カップ

砂糖…大さじ$1\frac{1}{2}$

カルピス…大さじ$3\frac{1}{2}$

[型][下準備][日持ち]

「カモミールとりんご」と同様。

[作り方]

1 ハーブかんは、カモミールをミントの葉に替えて「カモミールとりんご」と同様に作る。型に流し入れたら、ミントの葉（分量外）を1枚ずつのせる。

2 カルピスかんを作る。鍋に分量の水を入れ、粉寒天を振り入れて火にかけ、煮立って粉寒天が溶けたら、砂糖を加える。再度煮立ったらカルピスを加えて火を止め、1のハーブかんの上に流し入れ、冷蔵庫で冷やし固める。

ハイビスカス＆ローズヒップとレモン

［材料＿6個分］

〈ハーブかん〉

ハイビスカス＆
ローズヒップ（ドライ）
…大さじ2弱

粉寒天…小さじ$\frac{1}{2}$

熱湯…$1\frac{1}{4}$カップ

砂糖…大さじ4

〈レモンかん〉

粉寒天…小さじ$\frac{1}{2}$

水…1カップ弱（180mℓ）

砂糖…大さじ4

レモン汁…大さじ1

［型］［下準備］［日持ち］

「カモミールとりんご」と同様。

［作り方］

1 ハーブかんは、カモミールをハイビスカス＆ローズヒップに替えて「カモミールとりんご」と同様に作る。

2 レモンかんを作る。鍋に分量の水を入れ、粉寒天を振り入れて火にかけ、煮立って粉寒天が溶けたら、砂糖を加える。再度煮立ったらレモン汁を加えて火を止め、1のハーブかんの上に流し入れ、冷蔵庫で冷やし固める。

ユイミコmemo

ハーブティーは、カモミール（右）、ハイビスカス＆ローズヒップはドライ（左）を、ミントは生の葉を使っています。

フルーツ赤ワインかん

スパイシーなホットワインから思いついた、粋なデザート。
りんごの歯ごたえがアクセントになります。

[材料＿3個分]

粉寒天…小さじ1/2
水…大さじ5
砂糖…大さじ2
赤ワイン
…1/2カップと大さじ2弱(125mℓ)
オレンジ、りんご…各1/2個
シナモンパウダー…少々
クローブ(あれば)…2個

[型]

約100mℓの保存容器や耐熱グラスなど。

[下準備]

●オレンジは皮をむいて薄い半月切りにし、りんごは皮をむいて小さな角切りにする。

[日持ち]

冷蔵で翌日まで。

[作り方]

1 鍋に分量の水を入れ、粉寒天を振り入れて火にかけ、煮立って粉寒天が溶けたら、砂糖を加える。再度煮立ったら赤ワインを少しずつ加え(A)、シナモンパウダー、クローブを加えてさっと混ぜる。オレンジとりんごも加え(B)、ひと煮したら火を止める。

フルーツは煮崩れないようさっと煮て

2 クローブを除き、型に流し入れて、冷蔵庫で冷やし固める。

A

温度を下げないように赤ワインは少しずつ加えて。

B

フルーツを加えたら、さっと煮て火を止める。

ユイミコ memo

赤ワインと相性のいいスパイス、シナモンとクローブを香りづけに加えました。クローブはカレーにも使われ、甘い香りがします。なければ入れなくてもOK!

フルーツ水ようかん

パステルカラーのようかんは、お花形の一口サイズです。
好みのフルーツジュースで作ってみてくださいね。

［材料_ 3cm大12個分］

粉寒天 … 小さじ1/2
水 … 1/4カップ
白あん … 60g
フルーツジュース（りんご、ぶどう、オレンジなど）… 1/2カップ

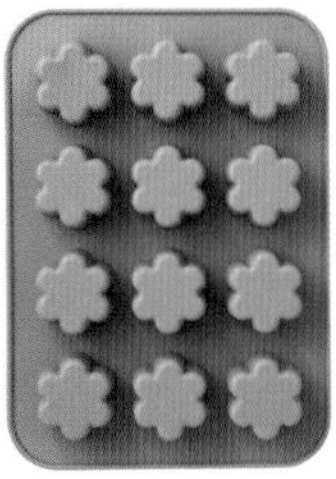

［型］

花形のシリコン型。

［日持ち］

型に入れたまま冷蔵し、翌日まで。

［作り方］

1 鍋に分量の水を入れ、粉寒天を振り入れて火にかけ、煮立って粉寒天が溶けたら、白あんを加えて混ぜる（A）。再度煮立ったら好みのフルーツジュースを加え、煮立ったらすぐに火を止め、ボウルに移す。

固まりにくくなるので煮すぎないこと

2 ボウルの底に水を当て（B）、静かにかき混ぜる。途中で水を替えながら触れるくらい（約40℃）まで冷まし、型に流し入れて、冷蔵庫で冷やし固める。

3 固まったら型から出す。

白あんを加えたら、手早くなめらかになるまで混ぜる。

ボウルの底に水を当て、静かに混ぜながら冷ます。

ユイミコ memo

型はゼリー型でもよく、大きく固め、好みの抜き型で抜いてもかわいい。水が出やすいので早めに食べて。

マンゴー水まんじゅう

涼やかなぷるぷるの葛を、おちょこでまあるく仕上げました。
中身は、甘酸っぱいマンゴーあんがたっぷり。

[材料_ 6個分]

〈水まんじゅう生地〉
- 葛粉 … 大さじ2(20g)
- わらび粉 … 大さじ1(10g)
- 砂糖 … 大さじ6
- 水 … $1\frac{1}{4}$カップ

〈マンゴーあん〉
- 白あん … 50g
- マンゴー … 20g
  (果肉のみ・冷凍ピュレでも)
- レモン汁 … 少々

[型]

直径約6cmのおちょこなど、小さな器(底が丸くカーブしたものがおすすめ)。

[下準備]

- 型は軽くぬらしておく。

[日持ち]

冷蔵で当日中。

[作り方]

1 マンゴーあんを作る。耐熱ボウルに白あんを入れて直接ペーパータオルをかぶせ、電子レンジに約1分かけてあんの水分を飛ばし、冷ます。

ボソボソした
状態でOK

2 マンゴーはフォークなどでつぶしてピュレ状にし、レモン汁を混ぜる。1に加えてよく混ぜ、6等分して丸め、冷凍庫で冷やしておく。

3 水まんじゅう生地を作る。鍋に葛粉とわらび粉を入れて分量の水を少しずつ加え、だまが残らないようによく混ぜる。砂糖を加えて混ぜ、強火にかけて混ぜながら火を通し、弱火にして透明感が出るまでしっかり練る。全体とろみがついたら火を止める。

冷めると固まるので
手早く作業して

4 3が熱いうちに型へ等分に流し入れ、2を軽く押し込む(A)。スプーンを使って生地をあんにかぶせるようにして包み込む(B)。冷蔵庫で30分ほど冷やし固める。

5 水を入れたボウルに4を入れ、まんじゅうの端を押してすき間を作り、水を入れるようにして取り出す(C)。

A

あんをのせて、指で生地にぎゅっと押し込む。

B

周囲の生地をスプーンで寄せ、あんにかぶせる。

C

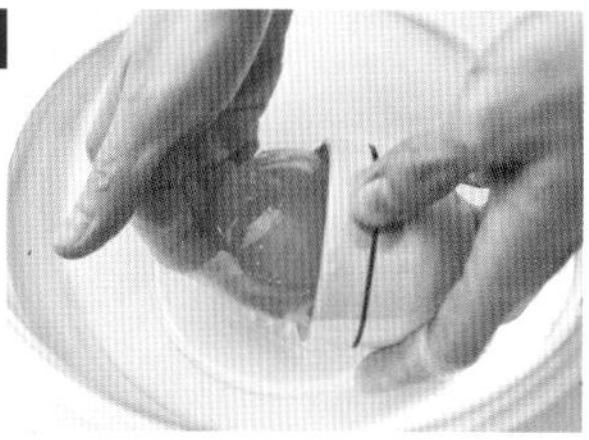

型ごと水の中に入れ、滑らせて取り出す。

あんずの葛流し

あんずの葛にふるふるのレモン寒天を合わせて。
さわやかな甘酸っぱさがたまりません。

［**材料**＿3個分］

〈あんず葛〉

葛粉 … 大さじ1（10g）

水 … 1/4カップ

白あん … 75g

砂糖 … 大さじ2

冷凍あんずピュレ … 80g

レモン汁 … 少々

〈レモン寒天〉

粉寒天 … 小さじ1/5

水 … 1/2カップ強（120mℓ）

砂糖 … 大さじ2

レモン汁 … 小さじ2

クコの実（あれば）… 適宜

［**型**］

直径8cm、高さ4〜5cmの耐熱カップや耐熱グラスなど。

［**下準備**］

● 冷凍あんずピュレは解凍する。

［**日持ち**］

冷蔵で当日中。

［**作り方**］

1 レモン寒天を作る。鍋に分量の水を入れ、粉寒天を振り入れて火にかけ、煮立って粉寒天が溶けたら、砂糖を加える。砂糖が溶けたら火を止めてレモン汁を加え、でき上がりの型とは別の容器に流し入れて冷蔵庫で冷やし固める。

2 あんず葛を作る。鍋に葛粉を入れて分量の水を少しずつ加え、だまが残らないように混ぜる。残りの材料もすべて加え、よく混ぜて強めの中火にかける。底からすくうようにしながら練る（**A**）。透明感が出て、とろみがついてまとまったら火を止め（**B**）、熱いうちに型へ流し入れ、冷蔵庫で冷やし固める。

しっかり混ぜて
焦がさないように

3 食べる直前にあんず葛の上にレモン寒天をすくってのせ、クコの実を飾る。

A

焦がさないように注意して。

B

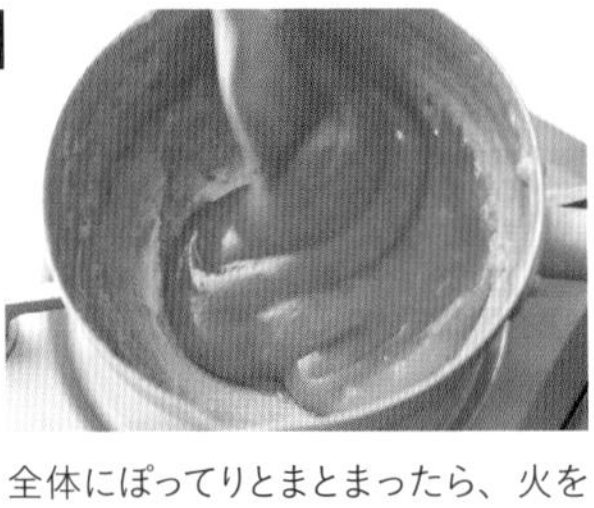

全体にぽってりとまとまったら、火を止める。

ユイミコmemo

冷凍あんずピュレは通年買えるので、季節に関係なく作れるのがうれしい！

れんこんもち

れんこんが名店のスイーツみたいなデザートに変身！
笹で包むと、さわやかな香りで清涼感もアップします。

[材料＿5個分]

〈れんこんもち生地〉

わらび粉 … 大さじ3（30g）

水 … 3/4カップ

砂糖 … 大さじ3

〈みつ漬けれんこん（作りやすい量）〉

れんこん … 50g（細めのもの）

水 … 1/2カップ

砂糖 … 大さじ8

笹の葉 … 5枚

[下準備]

● ラップを切って（約22×22cm）5枚準備する。

[日持ち]

冷蔵で当日中。

[作り方]

1 みつ漬けれんこんを作る。れんこんは薄い輪切りにしてすぐ鍋に入れ、分量外の水をかぶるくらい加えてやわらかくなるまで10分ほどゆでる。ざるに上げて水気をきり、れんこんを鍋にもどす。分量の水と砂糖を鍋に加えて火にかけ、煮立ったら火を止めてそのまま冷ます。

2 れんこんもち生地を作る。鍋にわらび粉を入れ、分量の水を加えてだまが残らないようによく混ぜる。砂糖も加えて混ぜ、強火にかけて混ぜながら火を通し、全体にとろみがついたら弱火にし、透明感が出るまで練る。

半透明だった生地が
透明になればOK

3 2が熱いうちに5等分して、ラップの上にのせる。みつをよくきった1を押し込む（A）。1個ずつ包んで輪ゴムでとめ（B）、水を入れたボウルの中で冷やし固める（C）。

4 固まったら笹の葉に1個ずつのせて包み、ワイヤー入りのタイでとめる。

ユイミコmemo

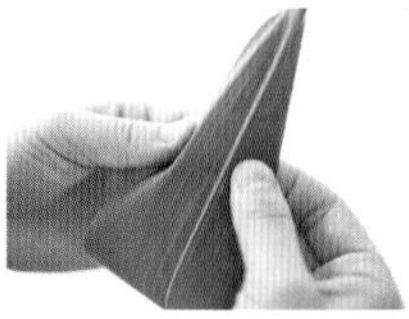

笹の葉で包むときは、葉の真ん中にれんこんもちをのせて半分に折り、先端を合わせます。真ん中の筋から両側を縦半分ほど折って閉じ、ワイヤー入りのタイできっちりとめます。

A

生地がやわらかいうちに、真ん中に押し込んで。

B

ラップで包んで残った部分をねじり、輪ゴムでとめる。

C

水をたっぷり入れたボウルの中で冷やす。

豆乳葛プリン

クリーミーなとろとろの口当たりがくせになりそう。
豆乳にメープルシロップのコクと風味がよく合います。

［材料＿3個分］

葛粉 … 大さじ1強(12g)
豆乳 … $1\frac{1}{2}$カップ
砂糖 … 大さじ3
メープルシロップ … 適量
くるみ(あれば) … 適宜

［型］

約100mℓの耐熱びんや耐熱グラス。

［日持ち］

冷蔵でなるべく当日中。

［作り方］

1 鍋に葛粉を入れて豆乳を少しずつ加え、だまが残らないように混ぜる(A)。砂糖を加えて混ぜ、強めの中火にかけ、底からすくうようにしながら練る(B)。とろみがついたら(C)火を止め、熱いうちに型へ流し入れ、冷蔵庫で冷やし固める。

焦がさないよう
気をつけて！

2 固まったらメープルシロップをかけ、砕いたくるみをのせる。

A
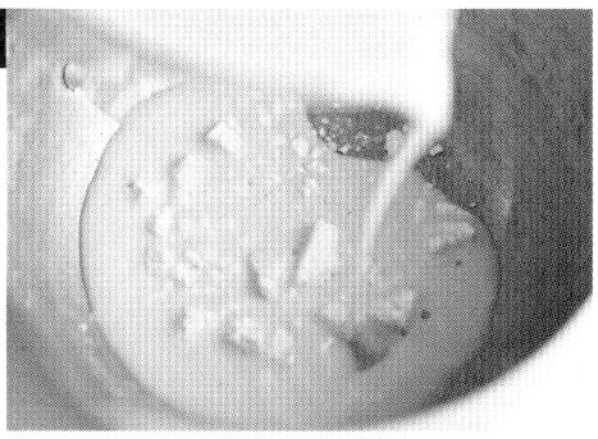

豆乳を少しずつ加え、葛粉のかたまりが残らないようによく溶かす。

B

焦がさないように鍋底からしっかり混ぜる。

C

大きな泡が出てとろみがついたらでき上がり。

ミニ葛アイス

最近流行りのふわっとやさしい味わいのアイス。少し溶けてもたれないから、子どもでも食べやすいですよ。

［材料＿ 各7～8個分］

あずきミルク

- 葛粉 … 大さじ$1\frac{1}{2}$（15g）
- 牛乳 … 1カップ
- 砂糖 … 大さじ$2\frac{1}{2}$
- 粒あん … 70g

抹茶ミルク

- 葛粉 … 大さじ$1\frac{1}{2}$（15g）
- 牛乳 … $1\frac{1}{4}$カップ
- 砂糖 … 大さじ$4\frac{1}{2}$
- 抹茶 … 小さじ$1\frac{1}{2}$
- 熱湯 … 少々

いちごミルク

- 葛粉 … 大さじ$1\frac{1}{2}$（15g）
- 牛乳 … 1カップ
- 砂糖 … 大さじ$3\frac{1}{2}$
- いちご … 60g

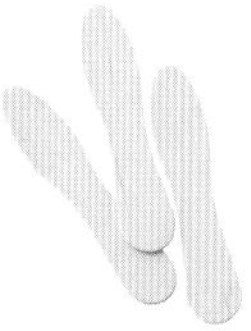

［型］

直径約3cmの厚手の紙カップ。木のアイススプーンも併せて準備を。

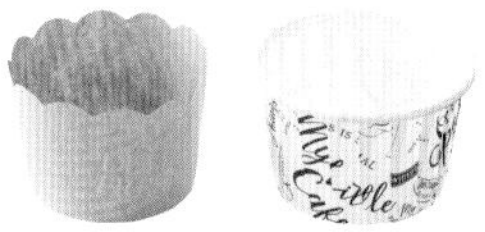

［下準備］

- 抹茶ミルクは分量の砂糖から大さじ1を取り分け、抹茶と混ぜて熱湯を少しずつ加え、なめらかに溶いてペースト状にしておく。
- いちごミルクのいちごは、スプーンなどで粗くつぶしておく。

［日持ち］

冷凍で3～4日。

ユイミコ memo

金属製の大きめのスプーンに流し、冷やし固めて並べてもおしゃれです。

［作り方］

1 鍋に葛粉を入れて牛乳を少しずつ加え、だまが残らないように混ぜる。砂糖を加えて混ぜ、強火にかけて、混ぜながら火を通す。全体にとろみがついたら弱火にし、3分ほど練る。

焦がさないように
しっかり混ぜて

2 フレーバー（粒あん、抹茶ペースト、いちご）をそれぞれ加えて（A）混ぜ、なめらかになったら火を止める（B）。

3 型に流し入れ、アイススプーンをさして、冷凍庫で冷やし固める。紙カップをはがして食べる。

A

葛粉にしっかり火を通したら、それぞれのフレーバーを加える。

B

しっかり混ぜ、なめらかになったら火を止める。

いちごミルク
抹茶ミルク
あずきミルク

栗のグラニテ

栗ってやっぱりおいしい！と実感する一品。
季節になったらぜひ作ってみて。

［材料＿2〜3人分］

栗…100g

砂糖…適量（裏ごした栗の重量の40％）

水…適量（裏ごした栗の重量の50％）

［型］

保存容器やバット（できればステンレス製などの金属製）。

［日持ち］

冷凍で3〜4日。

［作り方］

蒸すほうが甘みはアップ！
もちろんゆでてもOK

1 栗は洗って、40分〜1時間蒸し、竹串を刺してすっと通るくらいにやわらかくなったら（A）取り出す。温かいうちに半分に切り、中の実をスプーンなどでかき出す（B）。こし器で裏ごす（C）。

2 裏ごしした栗の重量をはかり、砂糖と水を準備する。すべて鍋に入れて火にかけ、煮立ったら火を止めて型に流し入れ、冷ます。

3 冷めたら、冷凍庫で冷やし固める。表面が固まってきたら取り出し、スプーンなどで空気を含ませるようにかき混ぜる。これを2〜3回くり返す。スプーンでかきとって器に盛る。

かき混ぜるほど
ふんわり触感に♪

A

蒸し上がりは竹串を刺してチェック。
すっと通ればOK。

B

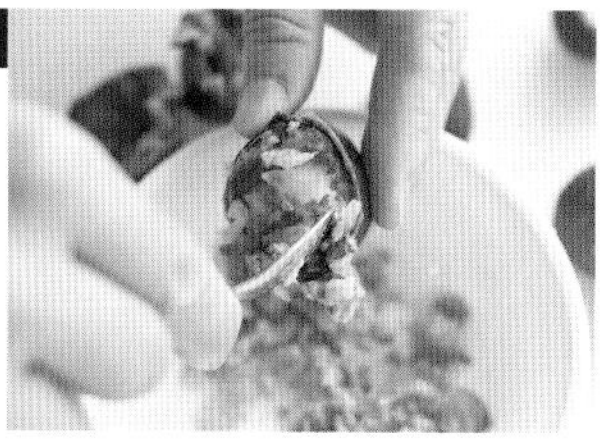

栗が温かいうちに、スプーンで実の部分をかき出す。

C

こし器にのせ、木べらで裏ごす。

和スイーツとドリンク

スイーツの風味を引き立てる、相性のいい飲み物を紹介します。

ミントとカルピスのハーブかん(P18)に

ミント炭酸水

涼しげなミントかんには、
香りを楽しむためにシンプルな炭酸水を。
ミントを入れて、よりさわやかに。

木の芽焼き(P44)に

ほうじ茶

あんを使った懐かしい味の
焼き菓子には、
定番ですが日本茶がよく合います。
きなこあん入りの木の芽焼きには、
香ばしいほうじ茶で。

愛玉子風やわらか寒天(P13)に

ジャスミン茶

レモンシロップのやさしい甘さの
スイーツには、
香り豊かなジャスミン茶で。
茶器も合わせて、
台湾風のティータイムに。

花包み(P40)に

ミント緑茶

急須に煎茶の茶葉とミント1枚を入れ、
湯を注いでいれるミント緑茶。
鮮やかな緑と、ほんのり香るミントで
オリエンタルな気分に。
華やかなオレンジあんと、しっくりなじみます。

シナモンレーズン浮島(P78)に

コーヒー

ふわふわの口当たりで
スパイシーな浮島には、
洋菓子と同じくコーヒーがおすすめ♡
しっとりした生地と
コーヒーのほろ苦さが絶妙に合います。

オリーブレーズンあんの
クリチーきんつば(P54)に

赤ワイン

和スイーツに合うのは、
お茶だけじゃありません。
オリーブの塩気がきいたきんつばには、
ワインが最強の友！
こんな新しい楽しみ方も
ぜひトライして。

おまけ

この本で紹介するシロップやみつ煮は作りやすい分量なので、少量ずつ残ります。でも、この残りがやみつきになるんです。アイスクリームやヨーグルトにかけてもおいしいけれど、炭酸水を注いでぜひドリンクにして楽しんで。

ジンジャーシロップ(P63)で

→ ジンジャーエール

あんずのみつ煮(P69)で

→ あんずサイダー

パインのみつ漬け(P73)で

→ パインサイダー

II ほのぼのする焼き菓子

皮や生地をふんわりと焼いて、
いろいろな風味のあんを、
挟んだり巻いたり。

素朴な味ですが、和ならではの
おいしさが味わえます。
火を通してあり、
個包装しやすいので
ミニギフトにもおすすめです。

花包み

ピンク色の可憐なお花の中身は、オレンジ風味のあん。関東風の桜もちのような、もっちりした焼き皮で包みます。

[材料＿8～9個分]

〈焼き皮〉

白玉粉…小さじ2

水…1/2カップ弱(90mℓ)

薄力粉…1/4カップ

砂糖…大さじ1

色粉(赤)…少々

〈オレンジあん〉

白あん…230g

水…1/4カップ

オレンジピール(刻んだもの)…20g

サラダ油…適量

[下準備]

- オレンジピールは細かく刻む。
- 色粉は少量の水で溶いておく。

[日持ち]

常温で翌日まで。

ユイミコ memo

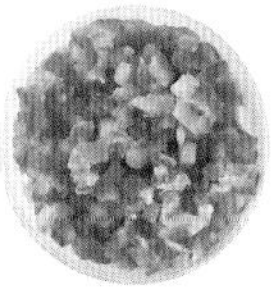

オレンジピールは刻んだものを使いましたが、さらに細かく刻んで使って。

木べらですくい落として
しっかりと山に
なるくらい

[作り方]

1 オレンジあんを作る。鍋に白あんと分量の水を入れ、火にかけて練る。水分が飛んだらオレンジピールを加えて混ぜ、火を止める。まな板などの上に適当にすくって取り出し、冷ます。全量をまとめてから8～9等分し、楕円形に形を整える。

小さめに分けると
早く冷ませます

2 焼き皮を作る。白玉粉に分量の水を少しずつ加え、泡立て器で混ぜる。

3 別のボウルに薄力粉と砂糖をふるい入れ、2を加えて手早く混ぜ合わせる。色粉でピンク色に着色し、ラップをして15～30分冷蔵庫で休ませる。

4 フライパンを熱し、ごく薄くサラダ油をぬり、3を大さじ山盛り1杯流し入れ、さじの背で手早く直径12cmほどに広げて弱火で焼く。表面が乾いてきたらひっくり返し、さっと焼いて網の上に取り出して冷ます。残りも同様に、全部で8～9枚焼く。

5 4の上に1をのせ(A)、皮の上下を折ってかぶせる(B)。左右の皮を持ち上げてひだを寄せ、皮をギュッと合わせて口を閉じる(C)。

A

皮の上にあんを縦長に置く。

B

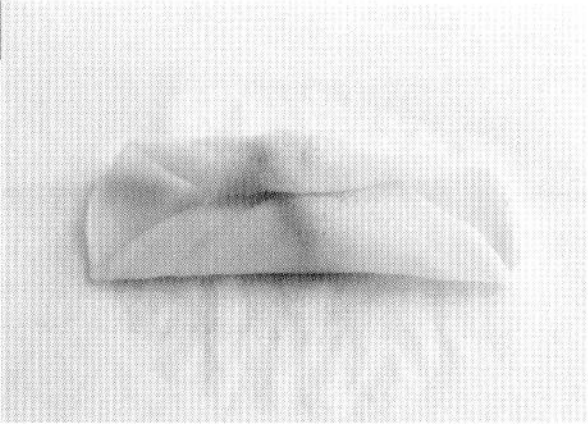

皮の手前、向こうの順に重ねる。

C

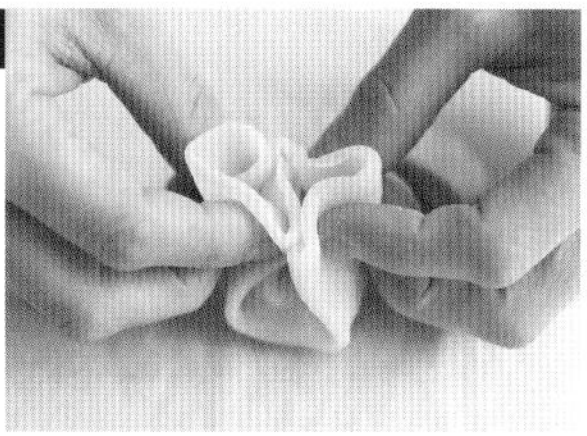

左右の皮をあんの上で合わせ、ひだを寄せて口を閉じる。

もちどら焼き

白玉粉を使った〃もちもち〃食感は手作りならでは。好みのあんを挟んで、楽しみましょう！

木べらですくい落として
しっかりと山になるくらい

［材料＿ 約10個分］

〈焼き皮〉

白玉粉 … 大さじ$5\frac{1}{2}$
水 … $\frac{1}{4}$カップ
卵 … 1個
砂糖 … 大さじ4
はちみつ、日本酒 … 各小さじ$\frac{1}{2}$
薄力粉 … 大さじ$3\frac{1}{2}$
重曹 … 小さじ$\frac{1}{4}$

〈ピーナッツあん〉

白あん … 150g
ピーナッツバター(無糖) … 大さじ1
水 … 大さじ2

サラダ油 … 適量

［日持ち］

常温で翌日まで。

［作り方］

1 ピーナッツあんを作る。鍋にすべての材料を入れ、火にかけて練る。水分が飛んだら火を止める。まな板などの上に、適当にすくって取り出して冷ます。全量をまとめてから皮と同じ数に分け、楕円形に形を整える。

2 焼き皮を作る。白玉粉に分量の水を少しずつ加え、泡立て器で混ぜる。

3 別のボウルに卵を割り入れてほぐし、砂糖を加えてすり混ぜ、はちみつと日本酒を加えて混ぜる。2、水小さじ1（分量外）で溶いた重曹の順に加えてよく混ぜる。薄力粉をふるい入れ、手早く混ぜる。ラップをして冷蔵庫で15～30分休ませる。

4 フライパンを熱し、ごく薄くサラダ油をぬり、3を大さじ1杯流し入れ、さじの背で手早く楕円形に広げて弱めの中火で焼く。表面が乾いてきたらひっくり返し、さっと焼いて網の上に取り出す（A）。残りも同様に焼く。

5 皮が温かいうちに1のあんをのせ、半分に折って軽く押さえる。

A

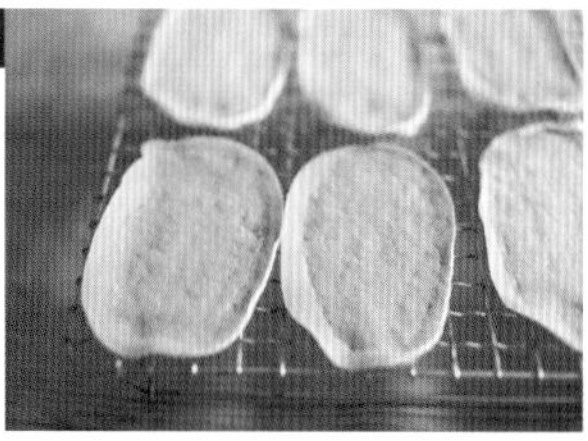

皮が重ならないように並べる。

ピーナッツあんを挟みましたが、オレンジあん（P41）や、手軽に市販の粒あんでもいいですよ。

木の芽焼き

山椒の香りもさわやかな、木の芽がチャームポイント。あんは香ばしいきなこ入りです。

［材料＿9～10個分］

〈どら焼き生地〉

- 砂糖…大さじ6
- みそ…小さじ2
- 卵…1個
- みりん…小さじ1
- 水…大さじ$2\frac{1}{2}$
- 薄力粉…大さじ8
- 重曹…小さじ$\frac{1}{8}$
- 黒いりごま…小さじ2

〈きなこあん〉

- 白あん…100g
- きなこ…大さじ1
- 水…約大さじ1

木の芽…9～10枚

サラダ油…適量

［日持ち］

常温で翌日まで。

［作り方］

1 きなこあんを作る。鍋にすべての材料を入れ、火にかけて練る。水分が飛んだら、バットなどにあけて冷ます。

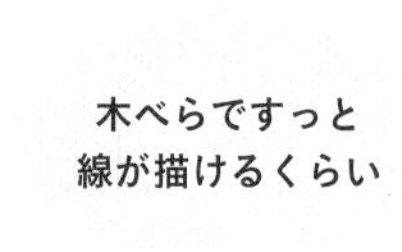

2 どら焼き生地を作る。ボウルに砂糖をふるい入れ、みそを加えてよく混ぜる。溶きほぐした卵を3～4回に分けて加え、泡立て器ですり混ぜる。分量の水から大さじ1を取り分けて重曹を溶き、みりんとともに加えて混ぜる。薄力粉をふるって加え、手早く混ぜ合わせる。残りの水と黒いりごまを加え、混ぜる。ラップをして冷蔵庫で15～30分休ませる。

3 フライパンにごく薄くサラダ油をぬり、木の芽を1枚置き、2を大さじ1杯弱流し入れて(A)弱めの中火で焼く。小さな穴が出てきたらひっくり返し(B)、さっと焼いて網の上に取り出す。生地の半量は木の芽あり、残りの半量は木の芽なしで各9～10枚焼く。

4 3を木の芽ありと木の芽なしで組み合わせ、1のきなこあんをのせてサンドする。

A

木の芽を置いたら、焦げやすいのですぐに生地を流す。

B

プツプツと穴が出てきたら、ひっくり返す合図。

ユイミコmemo

木の芽は水気をよくふいて。なければタイムやイタリアンパセリなどのハーブでも。

栗のとら焼き

わら半紙で焼いた生地にしま模様ができるから〝とら焼き〟。栗の渋皮煮が丸ごと1個入った、ユニークなお菓子です。

[材料_ 7～8個分]

〈とら焼き生地〉
- 卵 … 1個
- 砂糖 … 大さじ7
- はちみつ … 小さじ1
- しょうゆ … 小さじ$\frac{1}{2}$
- 重曹 … 小さじ$\frac{1}{4}$
- 水 … 大さじ3
- 薄力粉 … 大さじ10
- ココアパウダー … 小さじ2

粒あん … 適量
栗の渋皮煮 … 7～8個

[下準備]

● わら半紙が大きいときは、14×10cmほどの長方形に切る。

[日持ち]

冷蔵で翌日まで。

[作り方]

1 とら焼き生地を作る。ボウルに卵を割り入れてほぐし、砂糖を加えて泡立て器ですり混ぜる。はちみつ、しょうゆを加えて混ぜる。重曹は分量の水の大さじ1で溶いてから加え、混ぜる。薄力粉とココアパウダーを合わせてふるい入れ、手早く混ぜる。残りの水を加えて混ぜ、ラップをして冷蔵庫で15～30分休ませる。

わら半紙の縦方向に
とんがりを作ると
縦じま模様に！

2 フライパンを熱し、わら半紙を縦長に置き、1を大さじ1杯ほど流し入れる(A)。すぐに竹串でとんがりを作って栗の形に整え(B)、弱めの中火で焼く。穴が出てきたら(C)紙ごとひっくり返し、15～20秒焼いて紙ごと取り出す。残りも同様にして14～16枚焼く。

3 2が冷めたら紙をはがす(D)。2枚1組にして、粒あんと栗の渋皮煮1個をのせてサンドする。

わら半紙の上に生地を流す。

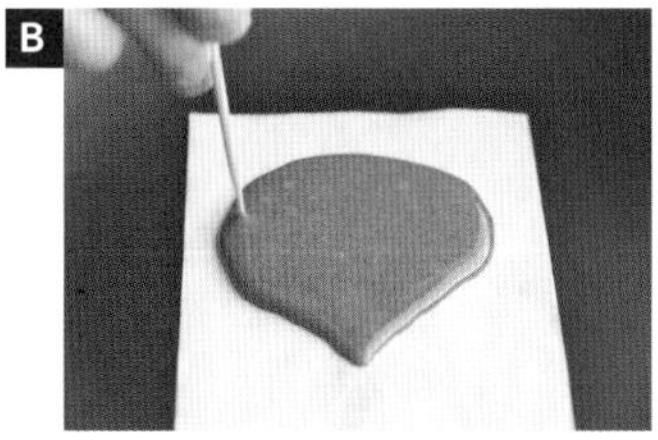

すぐにとんがりを作って栗の形に。

プツプツと穴が出てきたら紙ごとひっくり返す。

冷めたら紙をはがして。

ユイミコmemo

わら半紙は14×10cmの分厚いメモパッド（無印良品）が使いやすいですよ。

バナナあんロール

もちっとした皮の中に、粒あんとバナナ入り。
シナモンの香りがきいた、和風のバナナオムレツみたい♪

［材料＿ 2〜3人分］

〈焼き皮〉
- 白玉粉 … 小さじ2
- 水 … $\frac{1}{2}$カップ
- 砂糖 … 大さじ$1\frac{1}{2}$
- 薄力粉 … 大さじ3
- シナモンパウダー … 小さじ$\frac{1}{2}$

粒あん … 約50g
バナナ … 1本
サラダ油 … 適量

［日持ち］
冷蔵で当日中。

［作り方］

1 焼き皮を作る。白玉粉に分量の水を少しずつ加え、泡立て器で混ぜる。

2 砂糖、薄力粉、シナモンパウダーを合わせて別のボウルにふるい入れ、1を加え手早く混ぜ合わせる。ラップをして冷蔵庫で15〜30分休ませる。

生地がくっつかず焼きやすくなります！

3 フライパンを熱し、ごく薄くサラダ油をぬり、ごく弱火にして2をすべて流し入れて大きく（直径約20cm）広げて焼く。表面が乾いてきたらひっくり返し、さっと焼いてオーブンペーパーの上に取り出して冷ます。

4 3に粒あんを周囲1cmほど残して薄くぬり、皮をむいたバナナを真ん中にのせて（A）巻く。オーブンペーパーで包み、冷蔵庫で冷やす。好みの大きさにカットする。

A

巻きやすいよう、粒あんは薄く均一にぬってバナナをのせる。

抹茶焼きわらびもち

定番おやつのぷるぷるの黒糖わらびもちを
抹茶入りの焼き皮で包んで、食感の違いを楽しみます。

［**材料**＿約5個分］

〈焼き皮〉
- 白玉粉 … 小さじ2
- 水 … $\frac{1}{2}$カップ
- 砂糖 … 大さじ$1\frac{1}{2}$
- 薄力粉 … 大さじ3
- 抹茶 … 小さじ$1\frac{1}{2}$

〈黒糖わらびもち〉
- わらび粉 … 大さじ$1\frac{1}{2}$(15g)
- 水 … $\frac{1}{2}$カップ
- 黒糖 … 大さじ3

サラダ油 … 適量

［**型**］

黒糖わらびもち／11×7.5cmの保存容器。

［**下準備**］

● 容器はぬらしておく。

［**日持ち**］

冷蔵で当日中。

［**作り方**］

1 黒糖わらびもちを作る。鍋にわらび粉を入れ、分量の水を加えて溶かす。黒糖も加えて混ぜ、強火にかけて練る。全体にとろみがついたら弱火にし、透明感が出るまでさらに練る。型に流し入れ、平らにならして冷蔵庫で冷やし固める。

2 焼き皮を作る。白玉粉に分量の水を少しずつ加え、泡立て器で混ぜる。

3 砂糖、薄力粉、抹茶を合わせて別のボウルにふるい入れ、2を加えて手早く混ぜ合わせる。ラップをして、冷蔵庫で15～30分休ませる。

**抹茶の色が
均一になるように
しっかり混ぜて**

4 フライパンにごく薄くサラダ油をぬって熱し、ごく弱火にして3を大さじ1杯流してさじの背で楕円形に広げる。表面が乾いてきたらひっくり返し、さっと焼いてオーブンペーパーの上に取り出す。残りも同様に焼く。

5 4が冷めたら、棒状に切った1の黒糖わらびもちを皮にのせて(A)包む。

A

両側の皮を折って、わらびもちを包む。上端を少し重ねるときれい。

ユイミコmemo

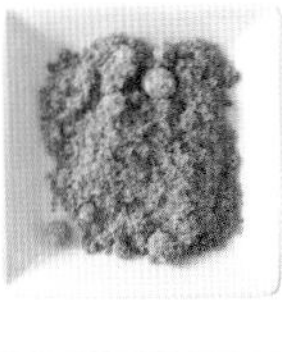

わらびもちの甘みは、コクのある黒糖を使いました。溶けやすいサラサラの粉状のものがあればベスト。

かぼちゃきんつば

きんつばは、粒あんに薄く生地をつけて焼く伝統的な焼き菓子です。
かぼちゃあんに変えると、色も鮮やかでモダンな印象に♥

［材料＿9個分］

〈かぼちゃあん〉

かぼちゃ … 190g
水 … $\frac{1}{2}$カップ
粉寒天 … 小さじ2弱（2g）
砂糖 … 1カップ+大さじ4（150g）
白あん … 100g

〈生地〉

白玉粉 … 大さじ1
水 … 大さじ5強（80mℓ）
薄力粉 … 大さじ6強（50g）
砂糖 … 大さじ$1\frac{1}{2}$

サラダ油 … 適量

［型］

約14×11cmの流し型。

［下準備］

● かぼちゃは種とワタ、皮を除く

［日持ち］

1個ずつラップで包み、常温で翌日まで。

［作り方］

1 かぼちゃあんを作る。かぼちゃは3cm角に切り、やわらかくなるまで強火で10〜15分蒸し、裏ごす。

2 鍋に分量の水を入れ、粉寒天を振り入れて火にかけ、煮立って粉寒天が溶けたら砂糖を加える。砂糖が溶けたら、白あんと1を加え、強めの中火で焦がさないように練る。水分を飛ばし（A）、火からおろして型に流し、冷蔵庫で冷やし固める。型から出し、9等分に切り分ける。

へらですくい落として
うっすらと積もるくらい

3 生地を作る。ボウルに白玉粉を入れ、分量の水を少しずつ加え、泡立て器で混ぜる。溶けてだまがなくなったら薄力粉と砂糖を一緒にふるい入れ、混ぜ合わせる。

4 フライパンを熱し、サラダ油少々をなじませ、2の1面に3の生地をつけて（B）並べ、ごく弱火で焼き色をつけないように焼く。いったん網に取り出し、フライパンに再び油をなじませ、次の面に生地をつけて焼く（C）。同様にして全面を焼き、網にのせて冷ます。はみ出た生地はキッチンバサミで切り落とす。

A

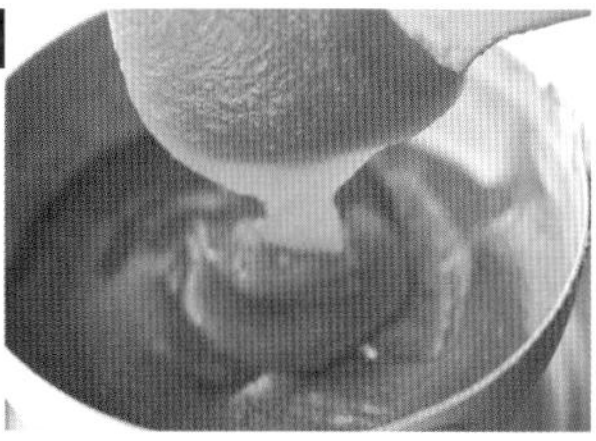

水分の飛ばし具合はあんを落として確認を。

B

1面ずつ生地をつけて、ごく弱火で焼いていく。

C

サラダ油はごく少量。余分な油をふいてから焼いて。

クリチーきんつば

きんつばの真ん中に、クリームチーズをしのばせて。
ほんのり塩気のあるオリーブレーズンあんは、ワインのおつまみにも♪

［材料＿ 各6個分］

〈オリーブレーズンあん〉
- 白あん … 250g
- グリーンオリーブ（塩漬け・種なし）… 25g
- レーズン … 25g
- クリームチーズ … 30g

〈あんずあん〉
- 白あん … 250g
- 干しあんず … 6個
- クリームチーズ … 30g

〈生地〉
- 白玉粉 … 大さじ1
- 水 … 大さじ5強（80㎖）
- 薄力粉 … 大さじ6強（50g）
- 砂糖 … 大さじ$1\frac{1}{2}$

サラダ油 … 適量

［下準備］

- オリーブとレーズンは細かく刻む。干しあんずは粗く刻む。
- クリームチーズはそれぞれ6等分する。

［日持ち］

1個ずつラップで包み、冷蔵で翌日まで。

［作り方］

1 鍋に白あん、オリーブ、レーズンを入れ（あんずあんは白あんとあんず）、ゆるいペースト状になるまで水大さじ3～4（分量外）を加え、火にかけて練る。つやがなくなり、水分が飛んだら火を止め、まな板などの上に、適当にすくって取り出して冷ます（A）。それぞれ全量をまとめてから6等分し、クリームチーズを入れて包み、四角に整える。

木べらですくい落として、
しっかりと
山になるくらい

2 「かぼちゃきんつば」（P53）と同様に生地を作って焼く。

A

早く冷めるように分割して置いて。

オリーブレーズンあん

あんずあん

和スイーツのラッピング

手間がかからずおしゃれに見える、今どきのラッピングアイディアです。

びんなどに固めれば プリンも手土産に

豆乳葛プリン(P30)のように
ふるふるのスイーツも、
ふたができるびんなどに冷やし
固めれば、手軽に持ち運べます。
ワックスペーパーでラフに包み、
マスキングテープでとめて。

ペーパーバッグに入れて 月桂樹の飾りを

かるかん(P84)は
ワックスペーパーの紙袋に入れ、
口を折って月桂樹の葉を
ホチキスでとめて飾りに。
ワックスでコーティングしてあり、
乾燥しにくいから安心です♪

オーブンペーパーで個包装して ひもをアクセントに

きんつば(P52～55)は四角い形が
かわいいので、1つずつ包みます。
料理用のオーブンペーパーで
つぶれないようにやさしく包み、
細いひもをくるくると巻いて最後はラフに結びます。

空き箱に入れたらリボンを巻いて

紙のマフィンカップに
うぐいす豆入りかるかん(P85)を入れ、
白木の箱に並べました。
この箱はお菓子が入っていたもの。
ふたにお好みのリボンを巻きつけて。

栗拾いをイメージしてキッチュなプラかごに入れても

栗のとら焼き(P46)は
ラップで包み、かごにそっと
入れてみました。
写真のプラスチックかごは、
本物の生の栗が入っていたもの。
栗の形をしたお菓子ならではの、
楽しい手土産に。

市販の和菓子カップを利用しても

ネットなどでも買える、
和菓子カップなどを
利用すると便利です。
形が崩れやすい花包み(P40)は
カップに入れて、
ギフト用の布の小袋へ。
ミントなどのハーブを添えるとかわいい。

生成りの布で包んでナチュラルなイメージに

木の芽焼き(P44)は1つずつ
ラップで包み、紙の空き箱へ。
風呂敷ではきりっとしすぎるので、
生成りの布で包んで、小粋なギフトに。

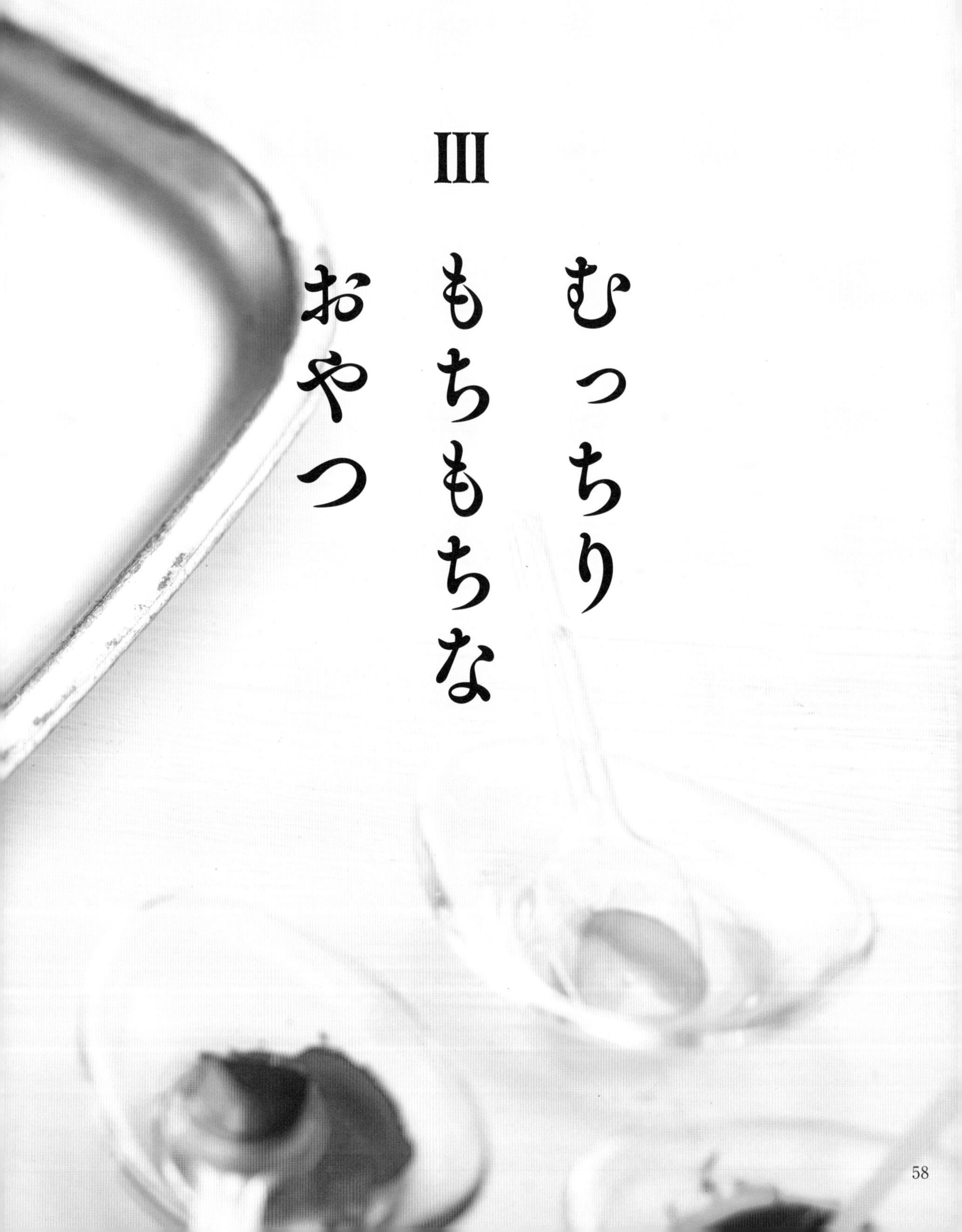

III

むっちり もちもちな おやつ

白玉粉や葛粉を使った
キュートなおやつは、
むっちりもちもちとした
独特の口当たりがくせになります！
シンプルなものから
目新しいものまで、個性派ぞろい。
みんなでおしゃべりしながら、召し上がれ。

カラフル白玉ポンチ

・作り方62ページ

ジャスミンジンジャーポンチ

・作り方63ページ

カラフル白玉ポンチ

ユイミコオリジナルの「カラフル白玉だんご」。シュワシュワのサイダーでパンチをきかせて♪

［**材料**＿3～4人分］

〈カラフル白玉〉

白玉粉…1/2カップ

水…約1/4カップ

色粉（青、赤、黄）…各少々

フルーツカクテル（缶詰）

…1缶（420g）

サイダー…適量

ミント（あれば）…適宜

［**下準備**］

● 色粉はそれぞれ少量の水で溶いておく。

［**日持ち**］

冷蔵で当日中。

＊白玉はゆでてから冷凍保存できる（P91）。

［**作り方**］

1 カラフル白玉を作る。白玉粉に分量の水を少しずつ加えてこねる。水の量は生地の様子を見ながら調節し、耳たぶくらいのかたさになるようにこねる。生地を4つに分け、そのうち3つを色粉の赤でピンク、青で水色、青と黄で黄緑色に着色する（**A**）。4色の生地をそれぞれ8等分し、1個ずつ細長く整える。4色の生地を合わせて丸める（**B**）。

2 鍋に湯を沸かし、1を入れてゆでる。白玉が浮かんでから20～30秒ゆで、冷水に取って冷ます。

真ん中を押して
やわらかければ
ゆで上がり♪

3 器にフルーツカクテルを入れ、水気をきった白玉をのせ、サイダーを注いでミントを飾る。

A

色粉をほんの少量つけ、こねて全体に色を混ぜる。

B

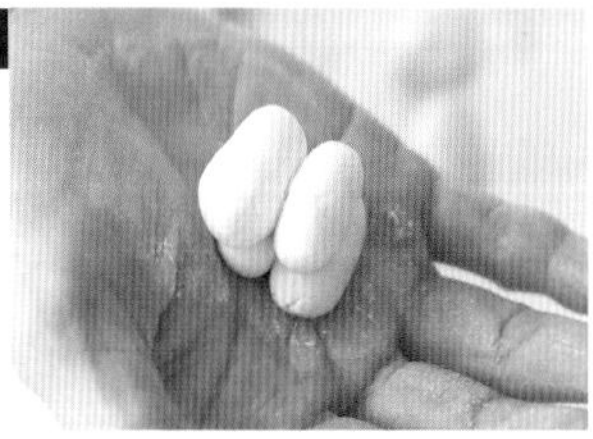

手の上で4色の生地を合わせて丸める。

カラフルな白玉が集合すると、マシュマロみたい。

ジャスミンジンジャーポンチ

白玉はごま入り。しょうが風味のシロップとジャスミン茶を注いで、台湾スイーツ気分♡

［材料＿3～4人分］

〈ごま入り白玉〉

白玉粉 … 1/2カップ

水 … 約1/4カップ

白いりごま … 小さじ1

〈ジンジャーシロップ〉

しょうが … 80g

グレープフルーツ（ピンク）… 1個

ドライプルーン（種なし）… 4個

砂糖 … 1カップと大さじ4（150g）

水 … 1カップ

ジャスミン茶（濃いめにいれたもの）… 適量

サイダー … 適量

＊ジンジャーシロップの残りは、冷蔵庫で約1週間保存OK。ジンジャーエール（P37）などにして楽しめます。

［下準備］

● しょうがは皮をむいて薄切りにする。

● グレープフルーツは皮と薄皮を除き、果肉を取り出す。

● ジャスミン茶は濃いめにいれ、冷ましておく。

［日持ち］

冷蔵で当日中。

＊白玉はゆでてから冷凍保存できる（P91）。

［作り方］

1 ジンジャーシロップを作る。鍋にすべての材料を入れて火にかけ（A）、煮立ったらアクを除いて弱火で30分煮る。ボウルに移して冷ます。

2 ごま入り白玉を作る。白玉粉に分量の水を少しずつ加えてこねる。水の量は生地の様子を見ながら調節し、耳たぶくらいのかたさになるようにこねる。白いりごまを混ぜて10等分し、丸める。

3 鍋に湯を沸かし、2を入れてゆでる。白玉が浮かんでから20～30秒ゆで、冷水に取って冷ます。

4 器に1の具とシロップを入れ、水気をきった3をのせてジャスミン茶とサイダーを注ぐ。

シロップ:ジャスミン茶:サイダー＝1:1:3の割合で

A

材料をすべて入れ、弱火でゆっくりと煮詰める。

ココナッツミルク葛もち

もちっとして歯ぎれのいい葛もち。ココナッツとパインを使った、女の子が大好きなトロピカル風味です。

[材料＿約14×11cm 1台分]

- 葛粉…大さじ3(30g)
- わらび粉…大さじ2(20g)
- 強力粉または薄力粉…小さじ2弱(5g)
- 水…1/2カップ
- 砂糖…大さじ5
- 牛乳…3/4カップ
- ココナッツミルク…1缶(140g)
- パイナップル(缶詰)…輪切り1〜2枚

[型]

約14×11cmの流し型や保存容器など。

[下準備]

● パイナップルは細かく刻む。

[日持ち]

冷蔵で翌日まで。
＊当日中のほうがやわらかくておいしい。

[作り方]

1 鍋に葛粉とわらび粉、強力粉を入れて分量の水を少しずつ加え、だまが残らないようによく混ぜる。砂糖、牛乳、ココナッツミルクを加えて混ぜ、強火にかけて混ぜながら火を通し、とろみがついたら弱火にし、8分ほどしっかり練る。

焦げやすいから
必ず弱火で

2 パイナップルを加えて、さらに2分ほど練る。型に流し入れ、粗熱をとって冷蔵庫で冷やし固める。

3 型から出し、好みの大きさに切り分ける。

小さく切って、レモンシロップ(P12)をかけて食べてもおいしい！

ユイミコ memo

ココナッツミルクはココナッツの果肉を水に浸し、搾って出た汁のこと。缶詰や紙パック入りで売られています。

甘酒としょうがの求肥《ぎゅうひ》

求肥はもちもち食感が楽しい昔ながらのお菓子。
ミルキーな甘酒としょうが入りのヘルシーな一品です。

［材料＿6〜8個分］

〈求肥生地〉

白玉粉 … 大さじ4強(35g)

水 … 大さじ5弱(70mℓ)

砂糖 … 大さじ$5\frac{1}{2}$

甘酒 … 大さじ4

しょうがの搾り汁 … 小さじ$\frac{1}{2}$

片栗粉 … 適量

［型］

約11×7.5cmの保存容器。

［下準備］

- 保存容器に片栗粉をたっぷりとふっておく。
- 甘酒は電子レンジにかけて熱々にしておく。

［日持ち］

常温で3〜4日。

＊1個ずつラップに包んで冷凍すれば2週間くらい保存OK。

［作り方］

1 求肥生地を作る。鍋に白玉粉を入れて分量の水を少しずつ加え、だまが残らないようによく混ぜる。火にかけて練り、まとまってきたら弱火にしてなめらかなもち状になるまで練る(**A**)。砂糖を3回に分けて加え(**B**)、甘酒も3回に分けて加えて練る。しょうがの搾り汁を加えてさらに練り、再びもち状になったら火を止める(**C**)。

木べらですくうと
ゆっくりリボン状に
落ちるのが目安

2 型に流し入れ、上からもたっぷりと片栗粉をふって粗熱をとり、切りやすいよう冷凍庫で冷やし固める。

3 型から出して、切り口に片栗粉をまぶしながら6〜8等分に切り、余分な片栗粉を落とす。

ユイミコmemo

甘酒は"飲む点滴"とも言われるほど、体にいい発酵食品。飲んでおいしいものを使って。

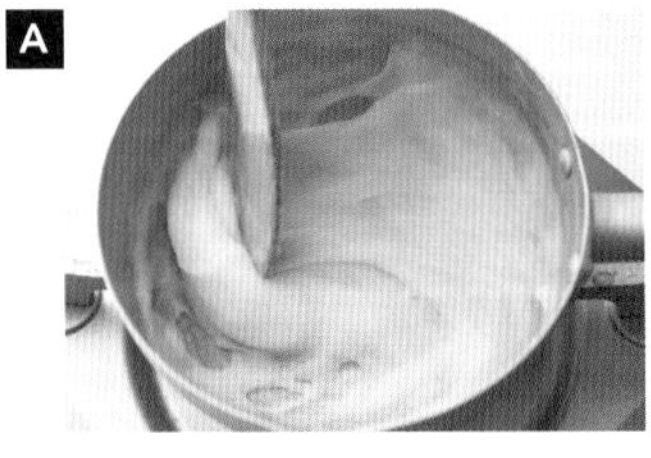

A 焦がさないよう弱火で練って。

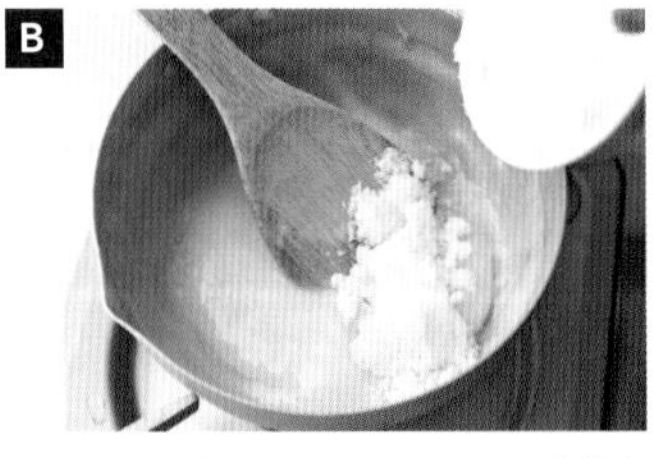

B つやよくなめらかになったら、砂糖を加える。

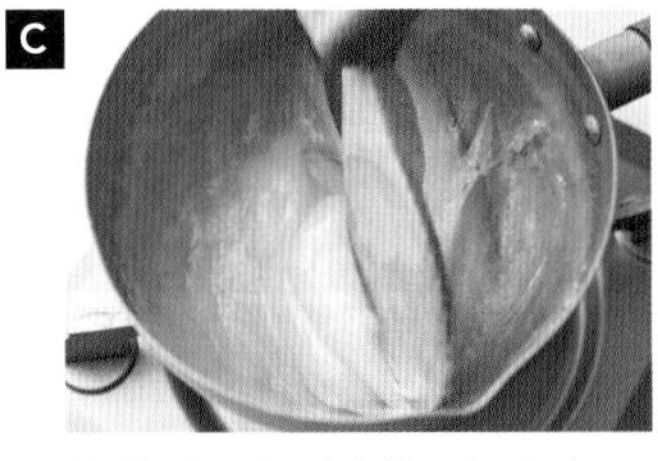

C 再びつやのあるもち状になったら、でき上がり。

カラフルペーパー
でラッピングして
おめかし。

あんずの求《ぎゅう》肥《ひ》

あんずのオレンジ色が鮮やかな、キュートなおやつ。
甘酸っぱさと歯ごたえがくせになりそう！

[材料_ 6〜8個分]

〈求肥生地〉
- 白玉粉…大さじ4強(35g)
- 水…大さじ5弱(70mℓ)
- 砂糖…大さじ7

〈あんずのみつ煮〉
- 干しあんず…3〜4個
- 水…大さじ2
- 砂糖…大さじ3

片栗粉…適量

＊あんずのみつ煮は、冷蔵庫で約1週間保存OK。あんずサイダー(P37)などにして楽しめます。

[型][日持ち]

「甘酒としょうがの求肥」(P66)と同じ。

[下準備]

● 保存容器に片栗粉をたっぷりとふっておく。

[作り方]

1 あんずのみつ煮を作る。小鍋に分量の水と砂糖を入れて煮立て、砂糖が溶けたら干しあんずを加えてひと煮立ちさせ、火を止めて冷ます。あんずは汁気を拭き取って1cm角に刻む。

2 求肥生地を作る。鍋に白玉粉を入れて分量の水を少しずつ加え、だまが残らないように混ぜる。中火にかけて練り、まとまってきたら弱火にしてなめらかなもち状になるまでよく練る。砂糖を3回に分けて加えて練り、再びもち状になったら1を加えて混ぜ、火を止める。

3 型に流し入れ、「甘酒としょうがの求肥」(P66)と同様に作る。

求肥はくっつきやすいので、片栗粉をたっぷりまぶして固めます。余分な片栗粉は落として。

ロリポップジンジャーようかん

・作り方72ページ

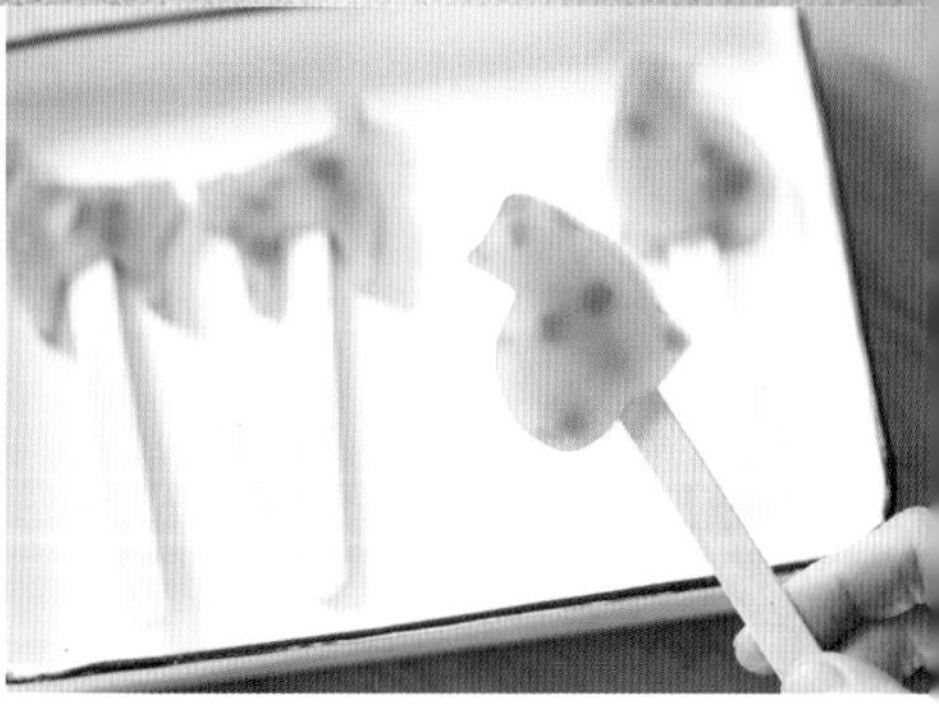

好みの型で抜いて
並べてもかわいい。

パインようかん

・作り方73ページ

アイスキャンディーバーをさしても（バーは100円ショップで手に入ります）。

ロリポップジンジャーようかん

ジンジャーの風味が新鮮な一口サイズのようかん。
ようかんも、工夫次第でキュートなおやつになります。

［**材料**＿6個分］

〈ジンジャーようかん〉

　粉寒天 … 小さじ$\frac{1}{2}$

　水 … 大さじ3

　砂糖 … 大さじ4

　白あん … 80g

　しょうがの搾り汁 … 小さじ1

色粉（青、赤）… 各少々

［**型**］

ロリポップ形（棒付き）シリコン型。

［**下準備**］

● 色粉はそれぞれ少量の水で溶いておく。

［**日持ち**］

冷蔵で2～3日。

［**作り方**］

1 ジンジャーようかんを作る。鍋に分量の水を入れ、粉寒天を振り入れて火にかけ、煮立って粉寒天が溶けたら、砂糖を加える。再度煮立ったら白あんとしょうがの搾り汁を加え、白あんが溶けて煮立ったらすぐに火を止める。小容器2つに大さじ2ずつ入れ、色粉の青で水色に、青と赤で紫色に着色し、冷蔵庫で冷やし固める。鍋のようかんはそのままおいておく。

着色は熱いうちに手早く！

2 着色したようかんは型から出し、それぞれ小さめの角切りにする。

3 鍋の中のようかんを細かく砕き、水大さじ1（分量外）を加え、火にかけて溶かす。煮立ったら2を加えて混ぜ、再度煮立ったら火を止める。型に流し入れ、棒を付けて冷蔵庫で冷やし固める。

ワックスペーパーで包み、ホチキスでとめてミニギフトにしても。

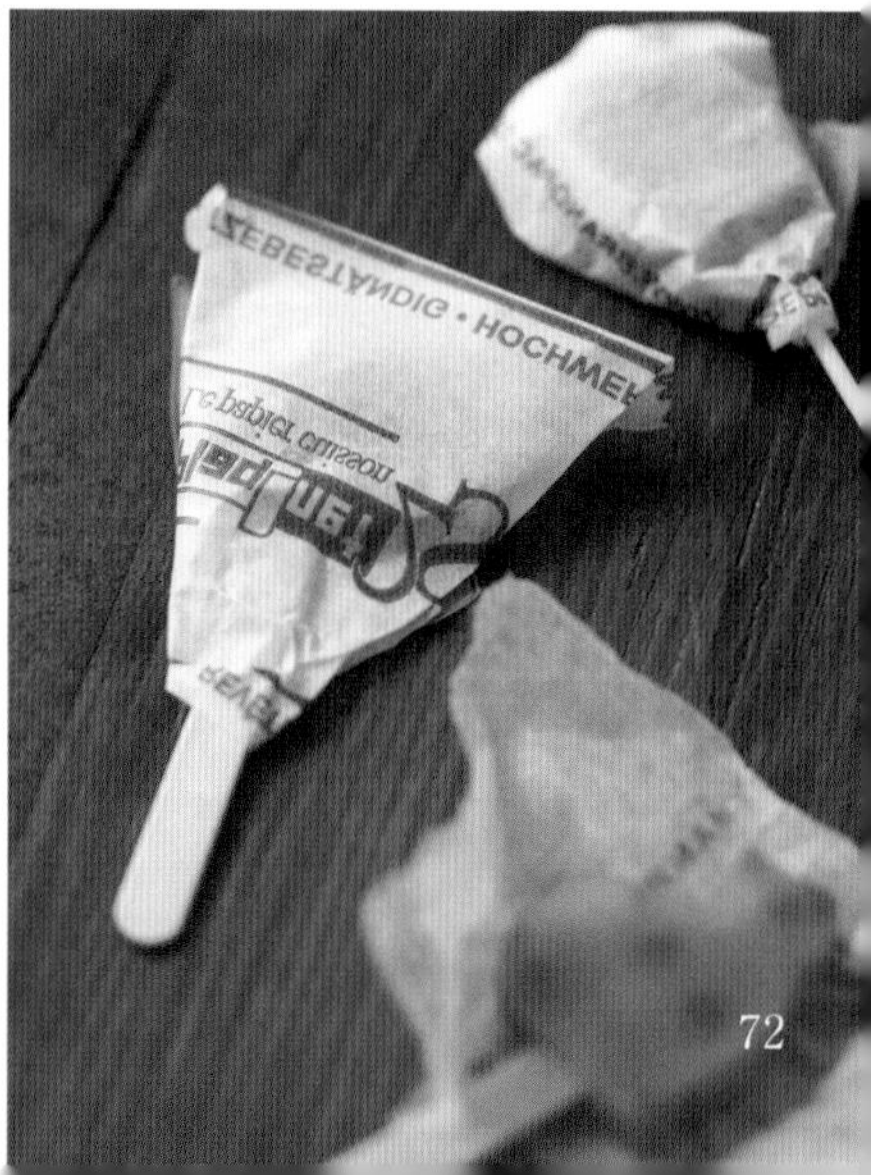

パインようかん

見た目は缶詰パイン、食べてもパイン！
ようかんは、いろんなフレーバーを楽しめます。

［材料＿ 約14×11cm 1台分］

〈パインようかん〉

粉寒天 … 小さじ1/2
水 … 大さじ2
砂糖 … 大さじ2
白あん … 80g
パインのみつ漬け … 80g
色粉(黄) … 少々

〈パインのみつ漬け(作りやすい量)〉

パイナップル(生) … 200g
砂糖 … 80g

＊パインのみつ漬けの残りは冷蔵庫で約1週間保存OK。パインサイダー(P37)などにして楽しめます。

［型］

約14×11cmの流し型や保存容器。

［下準備］

- パイナップルは細かく刻む。
- 色粉は少量の水で溶いておく。

［日持ち］

冷蔵で2～3日。

［作り方］

1 パインのみつ漬けを作る。鍋にパイナップル、砂糖を入れて30分ほどおく。弱火にかけ、アクを取りながら、色が濃く変わるまでじっくり煮て冷ます。

酸に強いステンレスやホーロー製の鍋で

2 パインようかんを作る。鍋に分量の水を入れ、粉寒天を振り入れて火にかけ、煮立って粉寒天が溶けたら、砂糖を加える。再度煮立ったら、白あんとパインのみつ漬けを加える。煮立ったら色粉でパイナップル色に着色し、火を止めて型に流し入れ、冷蔵庫で冷やし固める。

3 型から出して、ドーナツ型または好みの抜き型などで抜く。

ユイミコmemo

まるで輪切りのパイナップルみたいな形は、写真のドーナツ型で抜いたもの。好みの型で抜いたり、ナイフで好みの形に切ったりと自由に楽しんで♪

Ⅳ ふかふかの蒸し菓子

和菓子にも、卵を泡立てて
作るものがあります。
たっぷりの蒸気で蒸すから、
ふんわりした口当たり。

洋菓子のイメージに近い
懐かしくて新しい和菓子は、
ぜひできたてを味わって。

レモンの蒸しカステラ

淡いクリーム色をした、やさしい味のお菓子。
やわらかな口当たりとレモンの風味がたまらない！

［材料＿ 約14×11cm 1台分］

〈蒸しカステラ生地〉
- 卵 … 1個
- 砂糖 … 大さじ5
- 白あん … 10g
- はちみつ … 小さじ1弱
- レモン汁 … 小さじ2
- レモンピール（刻んだもの）… 10g
- 薄力粉 … 大さじ5
- ベーキングパウダー … 小さじ1/6

〈きんとんあん〉
- 粉寒天 … 小さじ1/4
- 水 … 1/4カップ
- 白あん … 130g
- 色粉（黄）… 少々
- レモン汁 … 小さじ2

［型］
約14×11cmの流し型。

好きな大きさに切り分けて。三角形にしてもステキです。

［下準備］
- 色粉は少量の水で溶いておく。
- 型にオーブンペーパーを2枚重ねて敷く。
- 蒸し器を火にかけ、蒸気を上げておく。

［日持ち］
冷蔵で2日ほど。

［作り方］

1 蒸しカステラ生地を作る。卵は卵黄と卵白に分ける。卵黄に砂糖の2/3量を加え、泡立て器で空気を含ませるようにすり混ぜる。白あん、はちみつ、レモン汁、レモンピールも加えて混ぜる。

2 別のボウルに卵白を入れ、泡立てる。途中で残りの砂糖を2回に分けて加え、ピンと角が立つしっかりとしたメレンゲを作る。

3 1に2を加え、メレンゲの泡をつぶさないように混ぜる。途中で薄力粉とベーキングパウダーを合わせてふるい入れ、まんべんなく混ぜ合わせる。型に流し入れ、平らにならす。蒸し器に入れて強火で15〜20分蒸す。網などに取り出し、型をはずしてオーブンペーパーをはがして冷ます。

4 3の厚みを半分に切る。型にオーブンペーパーを1枚敷き、蒸しカステラ1枚を敷く。

5 きんとんあんを作る。鍋に分量の水を入れ、粉寒天を振り入れて火にかけ、煮立って粉寒天が溶けたら、白あんを加えて煮詰める。色粉で薄い黄色に着色し、レモン汁を混ぜて火を止める。

木べらで落とすと
ゆるく積もるくらいが目安

6 仕上げる。4に5を流し入れ（A）、すぐにもう1枚の蒸しカステラを重ねて（B）軽く押す。冷蔵庫で冷やし固め、固まったら好みの大きさに切り分ける。

A

きんとんあんはすぐに型に流し、全体に広げる。

B

あんがやわらかいうちに、もう1枚のカステラを重ねて。

ユイミコ memo

すき間があれば、オーブンペーパーを挟んでおいて。はずすときは、型と生地の間に包丁を入れます。

シナモンレーズン浮島

ラム酒のシロップがほんのり香る、大人のおやつ。油分を使わないから、しっとりとくどくない仕上がりです。

[**材料**_ 約14×11cm 1台分]

〈浮島生地〉

- 卵 … 1個
- 砂糖 … 大さじ3
- 白あん … 145g
- ラムレーズン … 30g
- 薄力粉 … 小さじ2
- 上新粉 … 小さじ2
- シナモンパウダー … 小さじ$\frac{1}{4}$

〈シロップ〉

- ラム酒、水 … 各大さじ1
- 砂糖 … 小さじ$2\frac{1}{2}$

シナモンパウダー … 適宜

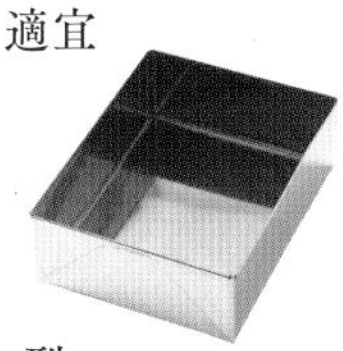

[**型**]

約14×11cmの流し型。

[**下準備**]

- ラムレーズンは汁気をきって細かく刻む。
- シロップの材料を耐熱容器に入れ、電子レンジにかけて砂糖を溶かし、冷ましておく。
- 型にオーブンペーパーを2枚重ねて敷く。
- 蒸し器を火にかけ、蒸気を上げておく。

[**日持ち**]

冷蔵で2〜3日。

[**作り方**]

1 浮島生地を作る。卵は卵黄と卵白に分ける。卵黄に砂糖の半量と白あんを加え、泡立て器で白っぽくなるまで混ぜ、ラムレーズンも加えて混ぜる。

2 ボウルに卵白を入れて泡立てる。途中で残りの砂糖を2回に分けて加え、ピンと角が立つしっかりとしたメレンゲを作る。

3 1に薄力粉、上新粉、シナモンパウダーを合わせてふるい入れ、泡立て器でさっくりと混ぜる。2のメレンゲを2回に分けて加え、泡をつぶさないようにゴムべらで手早く混ぜる。型に流し入れ、平らにならす。

P81のように
蒸気を逃がしてね

4 3を蒸し器に入れ、ふたの下に菜箸などを挟んですき間を作って強火で10分蒸す。ふたをして中火にし、15分蒸す。網などに取り出し、型をはずしてオーブンペーパーをはがし、シロップをぬって(A)冷ます。

5 好みの大きさに切り分け、器に盛って好みでシナモンパウダーをふる。

A

浮島が温かいうちに、シロップをはけでぬる。またはスプーンでも。

生クリーム1/2カップに、砂糖小さじ1を加えて泡立てたホイップクリームを添えてもおいしい。

さつまいもの浮島

さつまいもの自然な甘みを楽しむ蒸し菓子。
砂糖を焦がすキャラメリゼでおしゃれに仕上げます。

［**材料**＿約14×11cm 1台分］

〈浮島生地〉

- さつまいも…小1本
- 卵…1個
- 砂糖…大さじ4
- 白あん…70g
- 薄力粉…小さじ2
- 上新粉…小さじ2

砂糖…適量

［**型**］

約14×11cmの流し型。

［**下準備**］

● 型にオーブンペーパーを2枚重ねて敷く。
● 蒸し器を火にかけ蒸気を上げておく。

［**日持ち**］

冷蔵で2～3日。

［**作り方**］

1 浮島生地を作る。さつまいもは皮をむき、1cm幅の輪切りにし、やわらかくなるまで蒸す。裏ごしをして(A)、ひとつにまとめて完全に冷まし、75gを取り分ける。

冷めてから75gを
はかります

2 卵は卵黄と卵白に分ける。卵黄に砂糖の半量と白あん、1を加え、泡立て器で白っぽくなるまで混ぜる。

3 ボウルに卵白を入れて泡立てる。途中で残りの砂糖を2回に分けて加え、ピンと角が立つしっかりとしたメレンゲを作る。

4 2に薄力粉、上新粉を合わせてふるい入れ、泡立て器でさっくりと混ぜる。3のメレンゲを2回に分けて加え、泡をつぶさないようにゴムべらで手早く混ぜる。型に流し入れ、平らにならす。

5 4を蒸し器に入れ、ふたの下に菜箸などを挟んですき間を作って強火で10分蒸す。ふたをして中火にし、15分蒸す。網などに取り出し、型をはずしてオーブンペーパーをはがして冷ます。

6 5を好みの大きさに切り分ける。油を引かずにフライパンを熱し、浮島の上の面に砂糖をつけて下にして並べ(B)、カラメル状になるまで焼く。

A

裏ごし器または目の細かいざるで、裏ごしして。

B

砂糖をつけた面を下にして、カラメル状に焼く。

ユイミコmemo

浮島を蒸すポイント

蒸気を少し逃がすため、鍋とふたの間に菜箸2本を入れます。ふたを開けるとき、ふたから生地に水滴が落ちないよう気をつけて！

チーズの浮島

大流行したチーズ蒸しパンみたいな、リッチな味。
100円ショップでも手に入る裏ごし器で、小さな丸形に蒸します。

[材料_ 直径16cm 1台分]

卵 … 1個
白あん … 110g
クリームチーズ … 35g
砂糖 … 大さじ3
薄力粉 … 小さじ2
上新粉 … 小さじ2

[型]

直径16cmの裏ごし器。

[下準備]

- クリームチーズは室温でやわらかくしておく。
- 型にオーブンペーパーを2枚重ねて敷く。
- 蒸し器を火にかけ蒸気を上げておく。

[日持ち]

冷蔵で2～3日。

[作り方]

1 卵は卵黄と卵白に分ける。卵黄に白あん、クリームチーズを加え、泡立て器で白っぽくなるまで混ぜる。砂糖の半量を加えて混ぜる。

クリームチーズの粒が残る場合は裏ごしをしてなめらかに♪

2 ボウルに卵白を入れて泡立てる。途中で残りの砂糖を2回に分けて加え、ピンと角が立つしっかりとしたメレンゲを作る。

3 1に薄力粉、上新粉を合わせてふるい入れ、泡立て器でさっくりと混ぜる。2のメレンゲを2回に分けて加え、泡をつぶさないようにゴムべらで手早く混ぜる。型に流し入れ、平らにならす。

4 3を蒸し器に入れ、ふたの下に菜箸などを挟んですき間を作って強火で10分蒸す。ふたをして中火にし、15分蒸す。網などに取り出し、型をはずしてオーブンペーパーをはがして冷ます。

5 油を引かずにフライパンを熱し、上の面を下にして、軽く押しつけて(A)焼き色をつける(B)。

A

フライパンに入れ、軽く押しつける。

B

こんがりと焼き色がつけばOK！

かるかん・作り方86ページ

うぐいす豆入りかるかん

・作り方87ページ

かるかん

蒸しパンみたいに見えるけど、伝統的な郷土菓子です。
大和いもを使った、ふわふわもちもちの食感を楽しんで。

[**材料**＿約8個分]

〈かるかん生地〉

大和いも…40g（すりおろした正味）
グラニュー糖…大さじ6 1/2
水…1/4カップ
かるかん粉…1/4カップ

[**型**]

直径6～7cmのアルミカップ。

[**下準備**]

●蒸し器を火にかけ、蒸気を上げておく。

[**日持ち**]

常温で2～3日。

[**作り方**]

1 かるかん生地を作る。大和いもは皮をむき、目の細かいおろし金でていねいにすりおろす（**A**）。

泡立て器では大和いものコシがなくなるのでNG

2 1をボウルに入れ、グラニュー糖を3回に分けて加え、空気を含ませるようにすりこ木などで混ぜ合わせる（**B**）。分量の水を3回に分けて加え、空気を含ませるように混ぜ合わせる（**C**）。かるかん粉を一度に加えたら、グルグルと混ぜ合わせる（**D**）。

3 型に2を流し入れ、蒸し器に入れてふたをして強火で約30分蒸す。蒸し上がったら網などの上で冷ます。

A

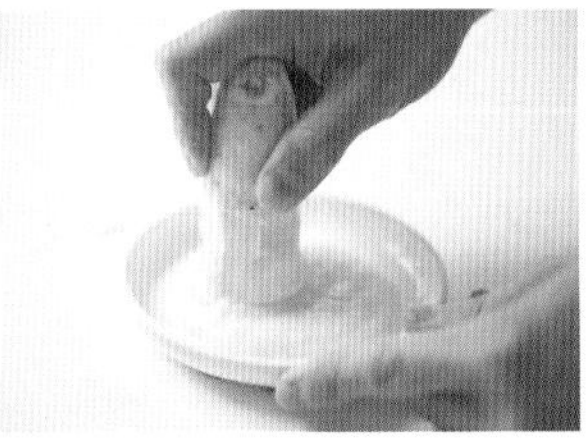

なめらかになるよう、ていねいにすりおろして。

B

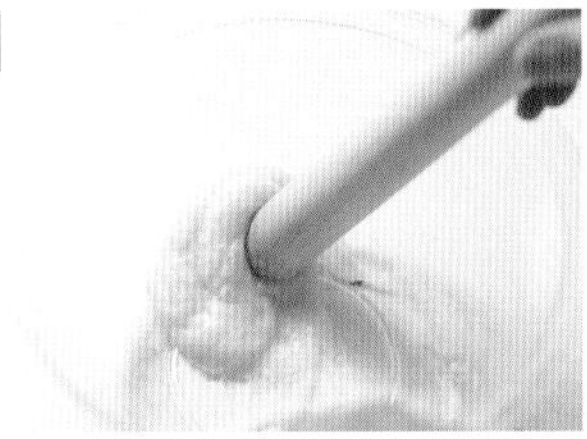

グラニュー糖は3回に分けて加えて混ぜる。

C

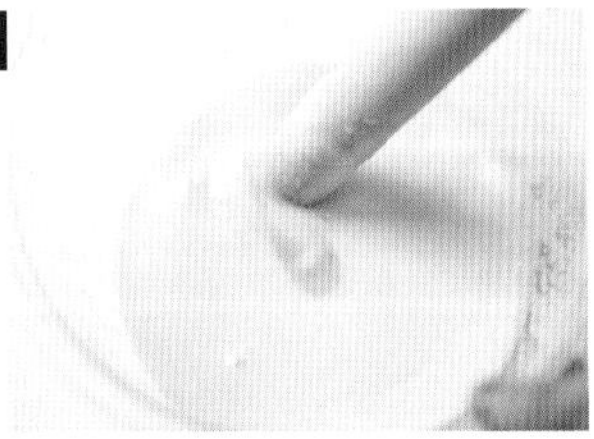

水は生地の様子を見て加える。とろっとなればOK。

D

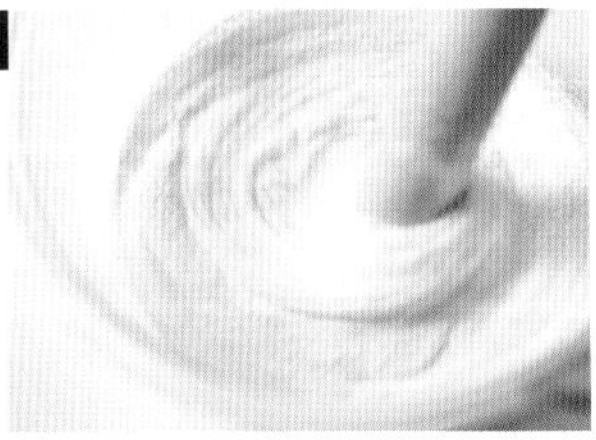

粉っぽさがなくなるまで混ぜて。

ユイミコmemo

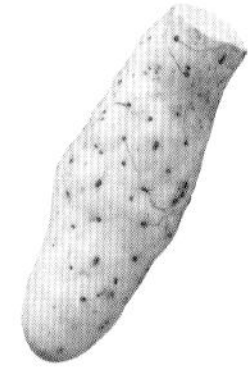

ぜひ粘りが強い大和いもを使って。形は似ているが長いもは粘りが弱いので、かるかん作りには向きません。

うぐいす豆入りかるかん

うぐいす豆の甘納豆を入れておちょこで蒸したら、コロンと愛らしい表情に。ギフトにぴったり！

［材料＿7〜8個分］

〈かるかん生地〉

大和いも…40g(すりおろした正味)

グラニュー糖…大さじ$6\frac{1}{2}$

水…$\frac{1}{4}$カップ

かるかん粉…$\frac{1}{4}$カップ

うぐいす豆の甘納豆…40g

［型］

直径約6cmのおちょこなど、底が丸くカーブした小さな器。

［下準備］

● 蒸し器を火にかけ、蒸気を上げておく。

● 型にサラダ油（分量外）を薄くぬっておく。

［日持ち］

常温で2〜3日。

［作り方］

1 「かるかん」(P86)と同様に作り、作り方2でかるかん粉を混ぜたあとにうぐいす豆の甘納豆を混ぜる。蒸し上がったら型のまま冷まし、型から取り出す。

ユイミコmemo

蒸し器がない場合

ユイミコは断然蒸し器派ですが、持っていなくても、蒸しプレートや裏ごし器で代用できます(P95参照)。蒸し菓子にはたっぷり蒸気をあてるので、蒸しプレートを使う場合は大きい鍋か深型フライパンにのせて。裏ごし器を鍋の中に置いて湯（裏ごし器の高さを超えない程度）を入れ、ふたをしても蒸せます。

簡単に作れるので、いろんな味を楽しんで！
おしるこ5種

栗やごまなどの風味を生かした、ほんのり甘いおしるこ。白玉だんごを浮かべたあったかいおしるこでゆったりしたおやつタイムを♪

・作り方90〜91ページ

ごまのマイルドさと香ばしさが最高！

白ごましるこ

色鮮やか！
味も香りもさわやかです。

抹茶しるこ

焼きいもミルクしるこ

クリーミーな口当たり
がたまりません。

栗しるこ

まさに栗！
ちょっぴりぜいたくなおやつ。

ピーナッツしるこ

ピーナッツのコクは
白玉とベストマッチ。

おしるこ5種の作り方

白玉だんごの作り方は同じです。
食べたい個数を入れて。

白ごましるこ

［材料＿2人分］

白玉だんご（P91参照）… 適量
白あん … 150g
水 … ½カップ
白練りごま … 小さじ1
白みそ … 小さじ1
クコの実（あれば）… 適宜

［作り方］

1 鍋に白あんと分量の水を入れて火にかけ、あんを溶かして煮立たせる。

2 1から大さじ1〜2を取り分けて白練りごま、白みそに加えて溶きのばし、鍋に戻し入れる。再び煮立ったら白玉だんごを加えて温め、器に盛る。好みで、クコの実を飾る。

抹茶しるこ

［材料＿2人分］

白玉だんご（P91参照）… 適量
白あん … 150g
水 … ½カップ
抹茶 … 小さじ1½

［作り方］

1 鍋に白あんと分量の水を入れて火にかけ、あんを溶かして煮立たせる。

2 1から大さじ1〜2を取り分けて抹茶に少しずつ加えて溶きのばし、鍋に戻し入れる。再び煮立ったら白玉だんごを加えて温め、器に盛る。

焼きいもミルクしるこ

［材料＿2人分］

白玉だんご（P91参照）… 適量
焼きいも … 1本（約120g）
牛乳 … 約¾カップ（150mℓ）
バター … 1かけ（約3g）
いり黒ごま … 適量

［作り方］

1 焼きいもは皮をむき（皮は少し取っておく）、鍋に入れてつぶす。つぶれにくいときは裏ごす。

2 1に牛乳、バターを加えて煮立て、白玉だんごを加えて温め、器に盛る。黒いりごまと、1の焼きいもの皮を小さくちぎって飾る。

栗しるこ

［材料＿2人分］

白玉だんご（P91参照）… 適量
栗 … 約250g
砂糖 … 適量（裏ごしした栗の重量の30％）
水 … 適量（裏ごしした栗の重量の80％）

［作り方］

1 栗は洗って、40分〜1時間蒸し、竹串を刺してすっと通るくらいにやわらかくなったら取り出す。温かいうちに半分に切り、中身をスプーンなどでかき出し、裏ごし器で裏ごす。

2 栗の重量をはかって砂糖と水を準備して栗とともに鍋に入れ、火にかけて煮立てる。白玉だんごを加えて温め、器に盛る。

ピーナッツしるこ

［材料＿2人分］

白玉だんご（P91参照）… 適量
白あん … 150g
水 … ½カップ
ピーナッツバター（無糖）… 小さじ2
塩 … 少々
ピーナッツ（粗く砕いたもの）… 適量

［作り方］

1 鍋に白あんと分量の水を入れて火にかけ、あんを溶かして煮立たせる。

2 1から大さじ1〜2を取り分け、ピーナッツバターに加えて溶きのばし、鍋に戻し入れる。再び煮立ったら塩と白玉だんごを加えて温め、器に盛る。ピーナッツを散らす。

白玉だんごの作り方

［**材料**＿約10個分］

白玉粉…$1/2$カップ

水…約$1/4$カップ

白玉だんごは冷凍保存OK

金属トレイにのせると、短時間で冷凍できる。

ゆでてから冷凍保存を。冷水で冷ましたら、水気をきってラップを敷いたトレイの上に並べ、上からラップをかぶせ、空気が入らないようぴったりと張りつけて冷凍庫へ。凍ったらジッパー付き保存袋に移して保存。保存の目安は約1か月。食べるときは熱湯でもう一度ゆでるのがおすすめ。

1

白玉粉に分量の水を少しずつ加えてこねる。

2

水の量は生地の様子を見ながら調節し、しっかりとこねる。

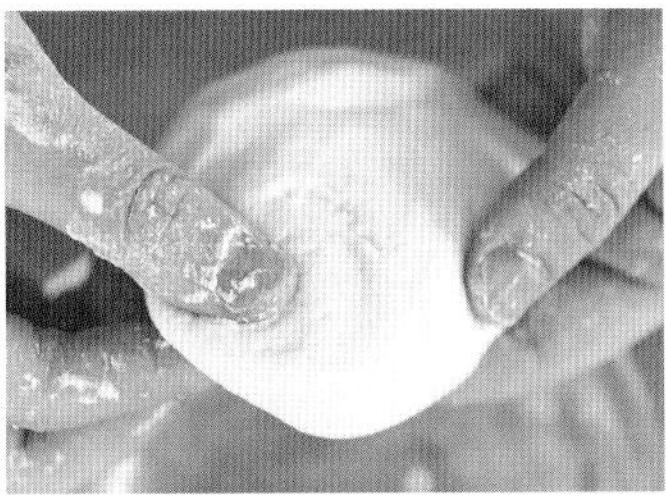

3

耳たぶくらいのかたさになったら、生地のでき上がり。

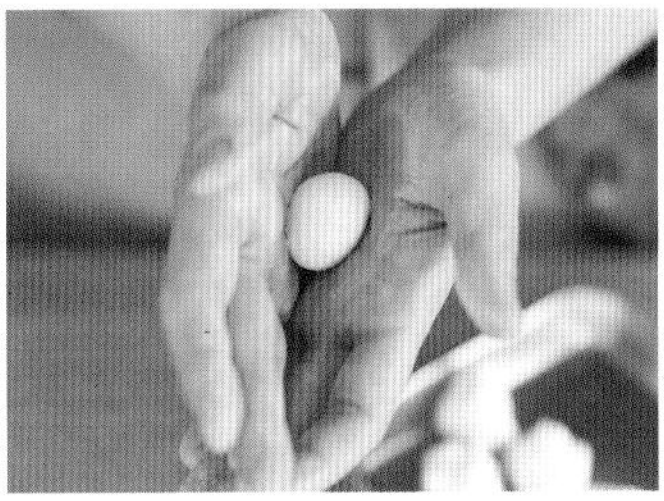

4

10等分して丸め、真ん中を少しへこませる。

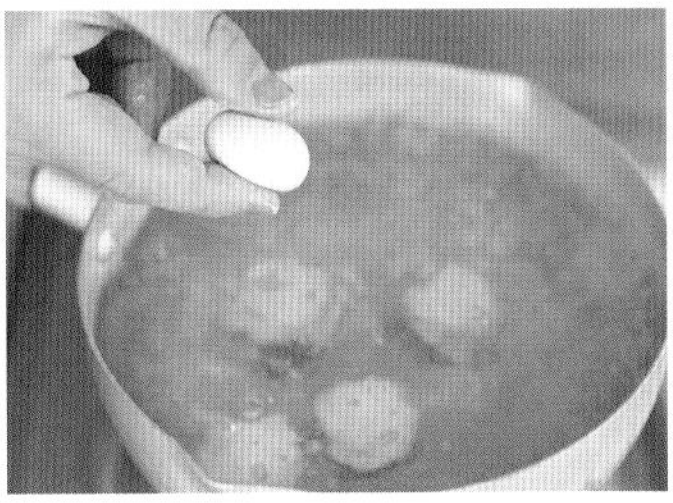

5

鍋に湯を沸かし、白玉だんごを入れてゆでる。

6

白玉だんごが浮かんでから、20〜30秒ゆでる。

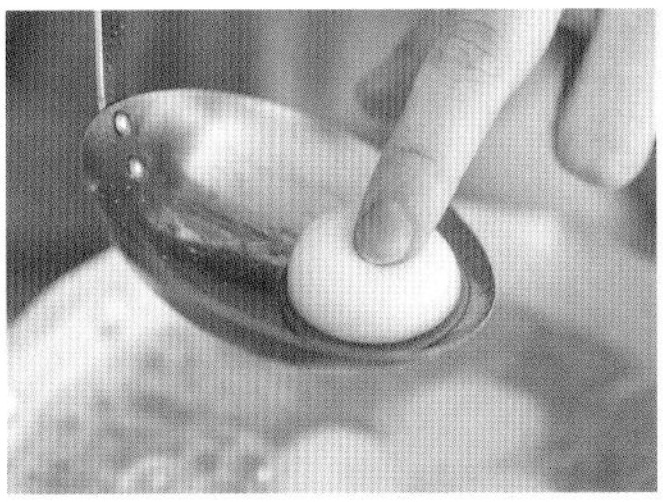

7

真ん中を少し押してみて、やわらかくなっていたらOK。

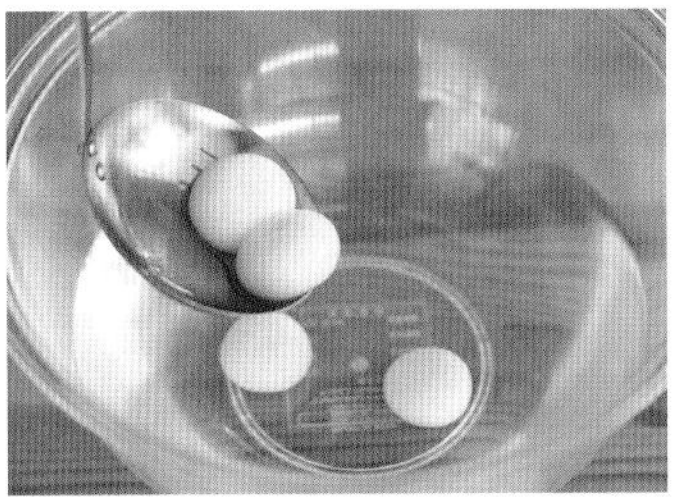

8

冷水に取って冷ます。

基本の材料とポイント

本書で紹介している和スイーツに使う、主な材料です。扱い方のポイントも、ぜひチェックしてみてくださいね。

《固めるもの》

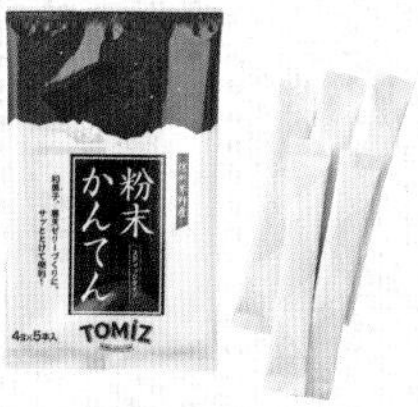

粉寒天

海藻から抽出された寒天を粉末状にしたもの。棒状に固めた棒寒天もありますが、粉寒天のほうが溶けやすく扱いやすい。

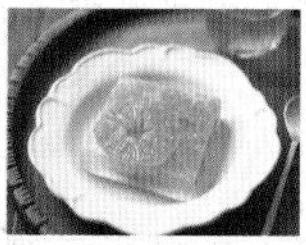

みかんのコンポートゼリー（P14）などに。

粉寒天のポイント

① 火にかける前に、粉寒天を水に振り入れる。

② 火にかけたら、ゆっくり混ぜながら粉寒天を溶かす。

③ こんな感じに煮立つまで、しっかり火を通す。

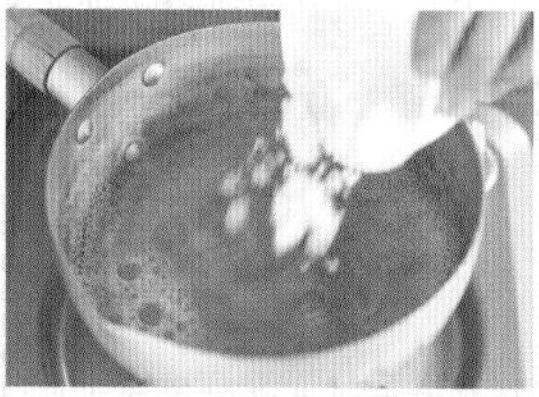

④ 粉寒天が溶けたら、砂糖などの材料を加える。

《砂糖類》

砂糖（上白糖）

この本では、料理にもよく使われる砂糖（上白糖）をメインに使っています。しっとりソフトで溶けやすい。

その他

（右より）グラニュー糖は上白糖よりも純度が高く、くせがなく、洋菓子作りによく使われます（かるかん、うぐいす豆入りかるかんP84～87）。はちみつは、焼き菓子の生地に少量を加えるとしっとりと仕上がります。メープルシロップは、サトウカエデの樹液を濃縮したもので、香ばしさが魅力。お菓子に甘みをプラスしたいときにかけて（豆乳葛プリンP30）。

《あん》

白あん

白いんげん豆に、砂糖と少量の塩を加えて煮詰め、なめらかに仕上げたものです。和スイーツでは、あんとしてはもちろん、ようかんなどの生地やおしるこのベースとしても使います。

白あんのポイント

白あんは、しっかりしたペーストなので混ぜにくい。生地やおしるこに使うときは、少し力を入れてグイグイ混ぜて。

フルーツ水ようかん（P22）などに。

かぼちゃきんつば（P52）のかぼちゃあんのベースも、白あんです。

粒あん

小豆に砂糖と少量の塩を加えて煮て、皮を残したもの。ミニ葛アイス（P32）に加えたり、焼き菓子のあんとして使います。

《粉類》

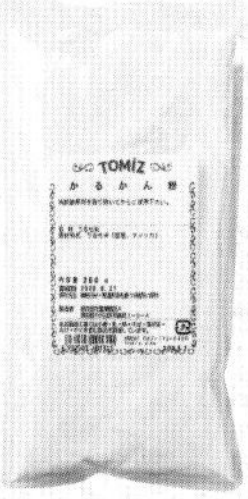

かるかん粉

かるかんに使われる粉で、普段食べている米（うるち米）を洗って乾燥し、ひいたもの。同じくうるち米から作る上新粉に比べて粉粒がやや粗いので、もっちりとした食感に仕上がります。

葛粉

葛粉は葛の根からとるでんぷんのことですが、生産量は少なく高価。和スイーツでは、ほかのでんぷんから作った葛粉を使いますが、十分おいしく作れます。

わらび粉

本来は山野に自生するわらびの根からとったでんぷんでしたが、生産量が少なく希少なものに。現在は、ほかのでんぷんを混ぜたものをわらび粉と呼び、主流になっています。

わらび粉、葛粉のポイント

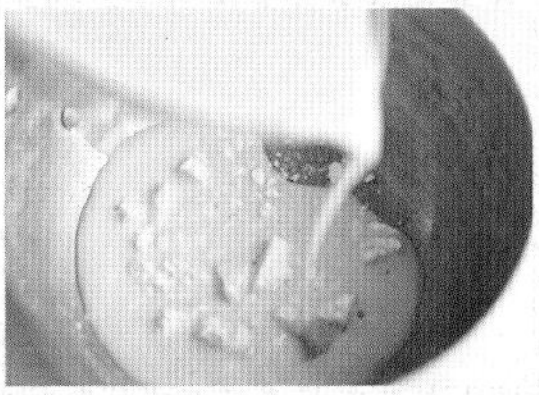

わらび粉、葛粉は、単独でも混ぜて使うときでも、水分（豆乳や牛乳、水）を少しずつ加えて、よく溶かします。だまが残らないよう、ていねいに混ぜて。

白玉粉のポイント

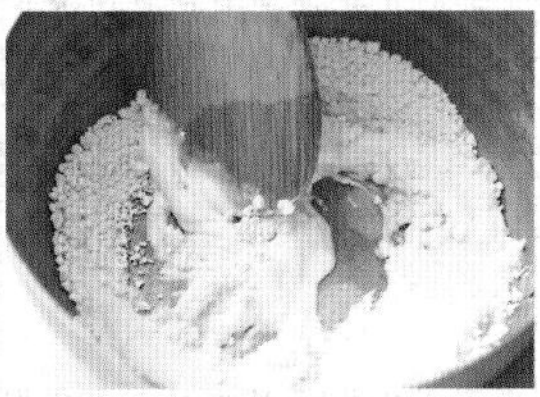

白玉粉には水をダバッと一気に入れず、少しずつ加えます。白玉だんごにするときは、様子を見ながらよくこね、焼き菓子や求肥生地に使うときは、木べらや泡立て器で溶きのばして。

白玉粉

普段食べている米（うるち米）ではなく、もち米を水につけて水ごとすりつぶし、さらして乾燥させたもの。白玉だんごのほかに、焼き菓子の生地や求肥生地などにも幅広く使えます。

薄力粉のポイント

薄力粉を使った生地ができたら、すぐ焼かずにいったん冷蔵庫に入れ、15～30分休ませて。生地がなじんで、焼いたときにくっつきにくくなります。

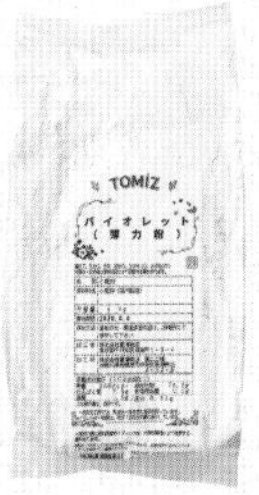

薄力粉

いわゆる小麦粉で、洋菓子作りにもよく使われます。和スイーツでも、単独で焼き菓子に使ったり、白玉粉などと合わせて使ったりします。

片栗粉

料理ではとろみづけに使いますが、この本では、生地がくっつかないよう打ち粉として使っています。

求肥を作るとき、くっつかないよう型にたっぷりふり、型から出したら、片栗粉をまぶしながら切ります。

《ふくらませるもの》

ベーキングパウダー

重曹と同じく、生地をふくらませるために加えます。本書では、レモンの蒸しカステラ（P76）に使用。

重曹

生地をふっくらとふくらませるために加えるもの。焼き色がつきやすいので、主に焼き菓子の生地に使用。

《色をつけるもの》

色粉

食用色素ともいい、寒天や焼き生地に色をつけるもの。少量できれいな色がつけられます。色粉は、少量の水に色粉をほんの少し（耳かき1杯ほど）加えて溶いて使うのがコツ。

キウイかん（P16）

花包み（P40）

カラフル白玉ポンチ（P60）

色粉のポイント

寒天液（少量）に色をつける

① 楊枝の先に、水で溶いた色粉をほんの少量だけつけて落として。

② よ〜く混ぜて、色の濃さをチェック！

焼き生地に色をつける

① 小さなスプーン（ゼリーなどについてくるものでOK）に、水で溶いた色粉をつけて、数滴落とす。

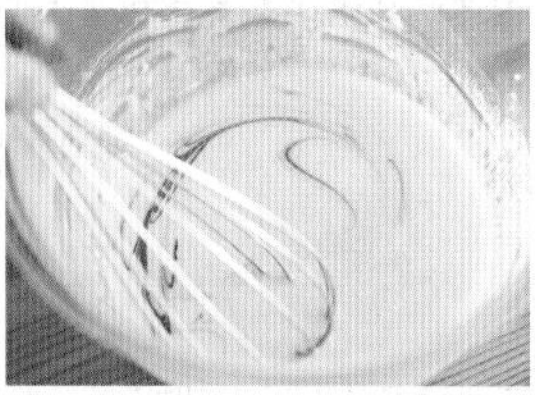

② 全体に行き渡るように、よく混ぜる。

③ 一度濃くなると色の調整が難しいので、少しずつ加えて様子を見て。

白玉生地に色をつける

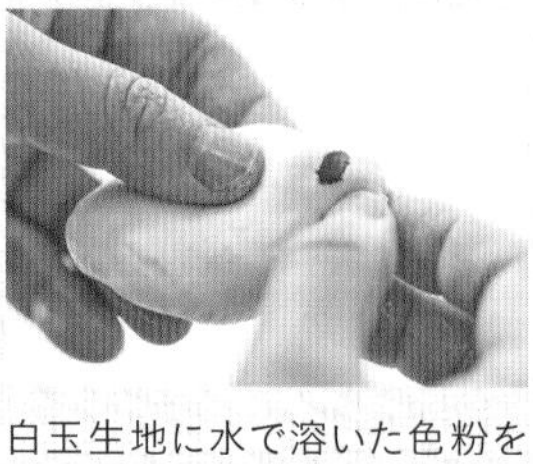

白玉生地に水で溶いた色粉を直接のせて、しっかりともみ混む。時間がたつと空気が抜けて色が濃くなるので、少し薄めに仕上げて。

基本の道具

和スイーツを作るためだけでなく、日常の料理などにも活躍する道具です。

《混ぜる・こねる》

01. ボウル（大）
直径20cmほどのボウルは生地を混ぜたり、こねたり、卵を泡立てたりするときに使用。電子レンジ対応のものが使いやすい。

02. ボウル（小）
直径10～15cmの小さなボウルは少量を混ぜたり、こねたり、生地を取り分けて固めたりするときに使います。なければ茶碗などでも。

03. 泡立て器
和菓子作りでも、生地を混ぜたり、卵白を泡立てたりするときには泡立て器を使います。

《混ぜる・練る》

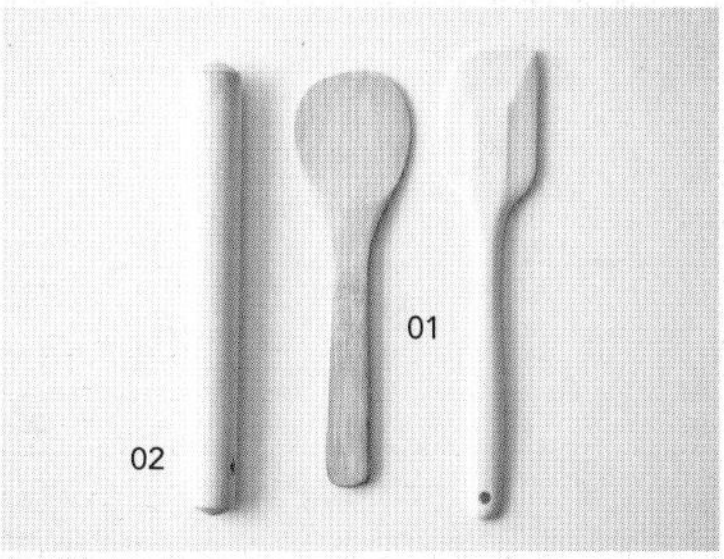

01. ゴムべら・木べら
生地やあんを混ぜたり、練ったりするときに使います。使い勝手のよいほうどちらかでOK。ゴムべらは耐熱性のものがおすすめ。

02. すりこ木
本書では、かるかんの生地を混ぜるときに使用。

《はかる》

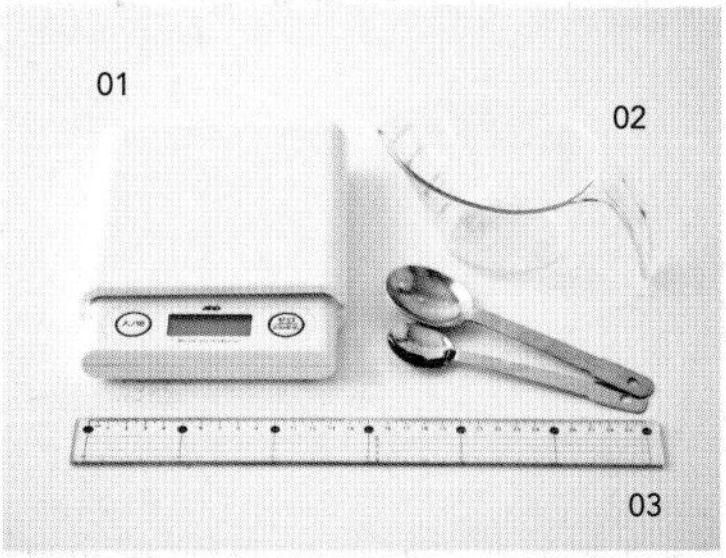

01. はかり
量をたくさん使う粉ものやあんのほか、正確に分量をはかる必要があるときにも使います。

02. 計量スプーン、カップ
本書のスイーツの多くは、計量スプーンとカップで作れるよう工夫しました。計量スプーン小さじ1＝5mℓ、大さじ1＝15mℓ、1カップは200mℓです。

03. 定規
生地の切り分けなどに使うので、お菓子作り専用に1本用意しておくのがおすすめ。

《ふるう・こす》

01. 裏ごし器
多めの粉をふるい入れるときは裏ごし器で。生地をこしたり、蒸した野菜を裏ごすときにも使います。

02. 茶こし
少量の粉や、仕上げにスパイスやきなこなどをふるときにあると便利です。

《はらう・ぬる》

はけ
生地にふった片栗粉などの余分な粉をはらうときや、シロップをぬるときに。お菓子作り専用に、1本持っておくと便利。

《加熱する》

01. 片手鍋
寒天液を作ったり、生地を練ったりするときに使う鍋は、持ちやすくて力が入る片手鍋がおすすめ。

02. 大きめの鍋
ユイミコはふだん蒸し器を使いますが、この本では、大きな鍋に蒸しプレートや裏ごし器をのせて代用する方法も紹介しています。やりやすいほうでOK！

＋蒸しプレートで

フライパンや鍋にのせる蒸しプレート。ふたとセットで、ネットなどで3000円前後で購入可能。蒸し菓子に使うなら、大きい鍋か深型のフライパンにのせ、空焚きに十分気をつけて。

＋裏ごし器で

鍋の中に裏ごし器を置き、湯（裏ごし器の高さを超えない程度）を入れ、ふたをして使用。裏ごし器は100円ショップでも買えます。

おうちカフェでおもてなし

ユイミコの和スイーツ

ユイミコ

小坂歩美、大森慶子の和菓子ユニット。東京製菓学校の夜間部で出会う。2008年「ユイミコ」として活動を開始し、都内各地でワークショップを開催。初心者でも楽しく作れるていねいな指導で、大人気に。著書『道具なしで始められる かわいい和菓子』『ユイミコ謹製抜き型つき はじめての和菓子』（ともに講談社）は予想を上回る反響で増刷を重ね、「スッキリ」「news every.」「news zero」（以上日本テレビ）などに出演。2019年には「きょうの料理」（NHK）「3分クッキング」（日本テレビ系列）にも出演し、フレッシュな和菓子家として注目を集めている。

◆HP https://www.yuimico.com/

◆インスタグラム yuimico_wagashi

発行日　2020年6月25日　初版第1刷発行

著　者　ユイミコ

発行者　秋山和輝

発　行　株式会社世界文化社

〒102-8187　東京都千代田区九段北4-2-29

☎03-3262-5118（編集部）

☎03-3262-5115（販売部）

印刷・製本　株式会社リーブルテック

DTP製作　株式会社明昌堂

ISBN 978-4-418-20309-3

撮影　西山 航（世界文化ホールディングス）

スタイリング　坂上 嘉代

AD・デザイン　鳥沢 智沙（sunshine bird graphic）

校正　株式会社円水社

構成・編集　相沢 ひろみ

編集部　石川 奈都子

材料協力　TOMIZ（富澤商店）

オンラインショップ　https://tomiz.com/

電話番号：042-776-6488